最新 保育園 幼稚園の実習 完全マニュアル

林 幸範　石橋裕子　編著

成美堂出版

CONTENTS

最新 保育園・幼稚園の実習完全マニュアル

準備編

実習に入る前に

1 園についての再確認…6
2 実習とは保育の現場で学ぶこと…8
3 実習の意義と目的を知る…9
4 実習での経験は自分の財産になる…10
5 実習では明確な目標を持つ…12
6 オリエンテーションの依頼をしよう…13
7 オリエンテーション参加の心構えとポイント…14
8 オリエンテーションでのチェックポイント…16
9 実習前の再学習と準備…18
10 子どもたちが喜ぶ「自己紹介」を作ろう…21
11 統合保育と障がいを再確認する…26

基本編

園のプログラムと実習の流れ

1 幼稚園のデイリープログラム…30
2 保育園・認定こども園のデイリープログラム…31
3 居住型児童福祉施設のデイリープログラムと実習…32
4 実習の段階とそれぞれの流れ…34
5 先輩たちの 嬉しい・困った エピソード…35
6 年齢別・保育のポイント…41

①6か月未満の子どもの発達の特徴と保育のポイント…41
②6か月～1歳の子どもの発達の特徴と保育のポイント…42
③1歳～2歳の子どもの発達の特徴と保育のポイント…43
④2歳の子どもの発達の特徴と保育のポイント…44
⑤3歳の子どもの発達の特徴と保育のポイント…45
⑥4歳の子どもの発達の特徴と保育のポイント…46
⑦5歳の子どもの発達の特徴と保育のポイント…47
⑧6歳の子どもの発達の特徴と保育のポイント…48

基本編

実習日誌は実習生の宝箱

1 実習日誌の注意と書き方…50
2 1日の流れと項目別日誌のポイント…52
3 実習日誌記入のポイント…54
● 練習用実習日誌…60

第4章 基本編 指導案の考え方

1 指導案作成のポイント …… 62
2 「部分実習」指導案のポイント …… 63
3 「全日実習」は学習と経験の集大成 …… 66
● 練習用指導案用紙（全日実習） …… 68

第5章 実践編 子どもの発達とあそび

1 6か月未満児のあそび …… 70
2 6か月から1歳児のあそび …… 71
3 1歳から2歳児のあそび …… 72
4 2歳児のあそび …… 73
5 3歳児のあそび …… 74
6 4歳児のあそび …… 75
7 5歳児のあそび …… 76
8 6歳児のあそび …… 77
9 異年齢児のあそび …… 78
10 子どもと歌おう「あそびうた」 …… 80

①父さん指どこです?…80
②親指小指…81
③青虫でたよ…82
④１本指で手をたたこう…83
⑤１本と１本で…84
⑥茶つぼ…85
⑦コロコロたまご…86
⑧４・２・３・１…87
⑨山小屋いっけん…88
⑩小さな畑…89
⑪セブンステップ…90
⑫葉っぱのじゃんけん…91
⑬大工のきつつきさん…92
⑭子どもと子どもがけんかして…94

11 パネルシアターを作ろう …… 95

①パネルシアターの製作手順…95
②パネルシアターの仕掛けを工夫しよう…97
③パネルシアターの実例を見よう!…99

12 楽しい造形あそび! …… 103
13 造形あそびの技法を確認しよう …… 104

フィンガーペインティングあそび…104
ドリッピングあそび…104
スタンピングあそび…105
スパッタリングあそび…105
デカルコマニーあそび…105
糸引き絵あそび…106
マーブリングあそび…106
バチックあそび…107
フロッタージュあそび…107
スクラッチあそび…107

14 作って遊ぼう! …… 108

①回転の働きを利用した工作「走れ！　くるま」を作る…108
②弾力のある素材を利用した工作「飛べ！　ロケット」を作る…109
③音の出るものを利用した工作「タンタンタンバネット」を作る…109
④光と色を利用した工作「キラキラスコープ」（ビー玉万華鏡）を作る…110

15 自然を使った造形あそび …… 112

①葉っぱや枝を利用した造形あそび…112
②木の実を利用した造形あそび…113
③石ころを利用した造形あそび…113
④砂を利用した造形あそび…114
⑤貝殻を利用した造形あそび…114

第6章
実践編
読み聞かせと弾き歌い

1 読み聞かせ絵本選びのポイント …… 116
2 発達別・絵本選びのポイント …… 119

①０～２歳の絵本…119
②３～４歳の絵本…120
③５歳前後の絵本…121
④６歳前後の絵本…121

3 読み聞かせの準備とポイント …… 122
4 紙芝居の選び方と準備のポイント …… 124
5 先生らしい弾き歌いのポイント …… 125
6 弾き歌いは安定した地声が基本 …… 128
7 オンチは克服できるもの …… 129
8 実習で役立つ!　弾き歌いベスト18曲 …… 130

①朝のうた…130
②はをみがきましょう…131
③おはよう…132
④おはようのうた…134
⑤バスごっこ…135
⑥手をたたきましょう…136
⑦森のくまさん…138
⑧かたつむり…140
⑨おべんとう…141
⑩ちいさい秋みつけた…142
⑪雨ふりくまの子…144
⑫とけいのうた…146
⑬おかえりのうた…147
⑭あわてんぼうのサンタクロース…148
⑮どんな人が好きですか…150
⑯すてきなパパ…152
⑰おかあさん…153
⑱さようならのうた…154

● 実習を終えて お別れの仕方 …… 156
● お別れカードの作り方 …… 157
● 実習終了後に行うこと お礼状&報告 …… 158

第1章 準備編 実習に入る前に

1 園についての再確認 …… 6
2 実習とは保育の現場で学ぶこと …… 8
3 実習の意義と目的を知る …… 9
4 実習での経験は自分の財産になる …… 10
5 実習では明確な目標を持つ …… 12
6 オリエンテーションの依頼をしよう …… 13
7 オリエンテーション参加の心構えとポイント …… 14
8 オリエンテーションでのチェックポイント …… 16
9 実習前の再学習と準備 …… 18
10 子どもたちが喜ぶ「自己紹介」を作ろう …… 21
11 統合保育と障がいを再確認する …… 26

1 園についての再確認

保育園・幼稚園・認定こども園はいずれも子どもに接する仕事の場ですが、その方法や形態、考え方は少しずつ異なります（表1参照）。実習に入る前に、ここでもう一度、三者の共通点や相違点をはじめ、基本的な内容をおさらいしておきましょう。

1 それぞれに管轄は異なる。概念は違うけれど、子どもを見守る基本は同じ

保育園は、児童福祉法の規定に基づいて設置され、正式には保育所と呼ばれる児童福祉施設のひとつです。小学校就学前の乳幼児を、保護者の委託を受けて保育することを目的とし、厚生労働省が管轄官庁であることから、運営･設置には「養護」の概念があります。

幼稚園は、学校教育法によって規定された学校のひとつです。義務教育前の幼児に、年齢に応じた指導を行うことを目的としています。文部科学省が管轄官庁であり、運営の主な概念は「教育」にあります。

認定こども園は、幼稚園と保育所の機能をあわせ持つ施設で、０歳から小学校就学前の乳幼児が利用できます。内閣府が一元的に対応し、文部科学省、厚生労働省と連携しています。認定こども園法により規定され、都道府県知事が条例に基づき認定するもので、2006年に創設されました。幼稚園と保育園の両方の機能を持つ「幼保連携型」、幼稚園が保育機能を備えた「幼稚園型」、認可保育所が保育が必要な子ども以外も受け入れる「保育所型」、認可のない教育・保育施設が認定こども園として必要な機能を果たす「地方裁量型」の４つのタイプに分かれます。

このように、それぞれの基本概念には違いがありますが、いずれも集団生活において、子どもの心身の健全な成長・発達、人間形成と、道徳性や協調性への興味・関心を促すこと等が大きな役割といえます。

■表１　保育園・幼稚園・認定こども園の主な違い■

	保育所（園）	幼稚園	認定こども園
管轄	厚生労働省	文部科学省	内閣府・ 文部科学省・厚生労働省
法律	児童福祉法	学校教育法	就学前の子どもに関する教育、保育等の総合的な提供の推進に関する法律（認定こども園法）
目的	保護者の委託を受けて保育に欠ける乳児又は幼児を保育する。	幼児を保育し適当な環境を与えて心身の発達を助長する。	小学校就学前の子どもに対する教育及び保育並びに保護者に対する子育て支援を提供する。
性格	児童福祉施設	学校教育施設	学校教育施設・児童福祉施設
年齢	乳児から小学校就学までの幼児。	満３歳から小学校入学までの幼児。	乳児から小学校就学までの幼児。
時間	原則として８時間であるが、時間外保育も実施している。	４時間を標準としているが、必要に応じて預かり保育を実施している。	４時間利用にも１１時間利用にも対応している。
担当	保育士	幼稚園教諭	保育教諭・ 幼稚園教諭・保育士

2 保育園は0歳児、 幼稚園は3歳児からが対象。保育の内容もそれぞれ違う

保育園では0歳児からが対象となるのに対し、幼稚園では満3歳児以上が対象になります。幼稚園の対象児である3・4・5歳児は、年齢的な発育の差はあるものの、言葉や行動においては発達しており、自立しています。しかし、保育園では乳児への授乳やおむつ替えといったことも保育に含まれるため、園児一人に対する目の配り方は、幼稚園よりも多くを求められます。幼児数に対する保育者の数が行政から指導されていることからもわかるように（表2参照）、乳児と幼児とでは、保育の内容が変わってくることになります。

■表2　保育者数に対する幼児数

	幼児数（人）	保育者数（人）
0歳児	3	1
1・2歳児	6	1
3歳児	20	1
4・5歳児	30	1

3 「子ども好き」のほかに知力・体力・包容力が保護者の必須要素

「子どもが好き」という理由で保育者を目指している人は多いのではないでしょうか。確かに子どもは相手の好意の有無を敏感に察知しますから、このことは必要最低限の条件であると同時に、重要な資質です。

そして、子どもたち一人ひとりの個性を理解するには、子どもの立場に立って考え、子どもを受け止める「包容力」が必要です。さらに、「遊ぶこと」は保育の大切な役割ですから、保育者は子どもに負けないくらいに体を動かす体力も要求されます。

子どもは、保育者の言葉や姿を手本として多くのことを学びます。善悪の判断や道徳性をはじめ、思いやりの気持ちを育てる上でも、保育者の何気ない言動が、子どもに大きな影響を与えるということを十分に認識しておいてください。

4 保育士は保育所以外の児童福祉施設でも活躍している

子どもを保育するのは幼稚園や保育園ばかりではありません。保育士資格があれば、園以外でもほとんどの児童福祉施設で活躍できます。現在、保育士は社会福祉施設従事者の5割を占め、施設内で最も中心的な職種と考えられているのです。

■主な児童福祉施設の特徴■

施設	特徴
乳児院	父母の離婚や病気、別居や死亡等の理由から、保護者のいない2歳未満の乳児・幼児を養育する施設。
児童養護施設	虐待や保護者不在等の理由から、養護が必要とされる、乳児以外の原則2歳から18歳までが対象の施設。
知的障がい児施設	知的な障がいや発達の遅れが認められる原則18歳までの児童に、生活指導や職業訓練を受けさせる施設。
肢体不自由児施設	身体機能に障がいがある児童の治療と、社会へ適応をするための指導を行う施設。
重症心身障がい児施設	重度の知的障がいと心身障がいのある、児童福祉施設の中でも最も障がいの重い児童のための施設。

2 実習とは保育の現場で学ぶこと

実習は、初めて実際に保育の現場に入って、子どもや保育者と直に関わりながら学ぶことができる大切な機会です。養成校で学ぶカリキュラムの中でも、実習は幼稚園教諭免許取得のための、そして保育士国家資格取得のための必修科目であり、事前・事後の指導が養成校で行われます。

実習は、幼稚園、保育園、児童福祉施設と、それぞれの保育形態にそった形で行われ、内容もそれぞれ異なりますから、もう一度きちんと認識しておきましょう。

1 『幼稚園教育実習』でいろいろなことを体験、学習する

教育実習は幼稚園で行われ、実習期間等は養成校によって決められています。毎日決められた幼稚園に行き、保育の内容・方法、保育者の役割や子どものこと等を、子どもに関わりながら学ぶ期間です。

2 『保育所保育実習』は、学ぶことが盛りだくさん

保育実習の履修方法は厚生労働省が定めています（右表参照)。「保育実習（必修)」では、保育所と居住型児童福祉施設での実習がそれぞれ10日間ずつ行われます。「保育実習Ⅱ」「保育実習Ⅲ」は選択必修科目となります。幼稚園実習と同様、養護の内容・方法、保育士の役割、子どものこと等を実際に園で体験しながら学びます。

3 対象児童がさまざまな『居住型児童福祉施設保育実習』では宿泊することもある

居住型の児童福祉施設で、10日間の実習を行います。施設の対象年齢は『保育の対象は満18歳に満たない者<児童福祉法第4条>』となっているため、この実習は保育園・幼稚園での実習に比べて対象児童が多様です。養護問題、保育問題、心身障がい問題、非行問題など、児童のあらゆる問題が保育対象となります。保育実習に施設実習が必修で組み入れられているのは、このような問題に対応できる保育士の育成をはかるためです。

居住型施設では、宿泊しながら実習を行う場合もありますが、不慣れな環境に適応しなければならない不安感などから、多くのエネルギーを必要とします。また、職員の勤務シフトが多様で、決まった指導者から実習の指導を受けることが難しい場合が少なくないので、積極的な姿勢が求められます。

■保育実習の履修方法

実習種別	単位	実習日数	実習施設
保育実習（必修）	5単位	20日	A
保育実習Ⅱ（選択必修）	2単位	10日	B
保育実習Ⅲ（選択必修）	2単位	10日	C

注

A／保育所及び乳児院、母子生活支援施設、児童養護施設、知的障がい児施設、盲ろうあ児施設、肢体不自由児施設、重症心身障がい児施設、児童心理治療施設、児童自立支援施設、知的障がい者更生施設（居住型)、知的障がい者授産施設（居住型)、児童相談所一時保護施設または独立行政法人国立重度知的障がい者総合施設のぞみの園

B／保育所

C／児童厚生施設、知的障がい児通園施設等の児童福祉施設（通所）その他社会福祉関係諸法令の規定に基づき設置されている施設であって、保育実習を行う施設として適当と認められるもので、保育所を除く施設

3 実習の意義と目的を知る

実習は、養成校で学んだ理論や実技を基礎とし、これらを総合的に実践する応用力を保育の現場で実践しながら養い、身につけた知識をより確かなものにしていく学習です。では、その意義と目的を具体的にあげてみましょう。

1 実習施設の内容や機能を体験し理解する

実習ではまず、１日の生活を通して「保育者がどのように子どもに接し、話しかけているのか」、また「毎日決まって行われる保育活動は何か」等を観察します。そして、どのような指導案（61 ページ参照）にそって活動計画が行われているのかを理解しましょう。

2 子どもとの関わりを通して子どもへの理解を深める

養成校で学んだ内容を確認することも重要ですが、子どものことについては、いくら講義で聞いていても実際にはわからないことが多いはずです。あまり教材等を押しつけたりせず、子どもの自主的な活動を大切にしながら子どもの関心や興味、発達の状態を知ることは、実習の大きな目的のひとつです。年齢による発達の違いや、同じ年齢でも発達には個人差があること、障がい児への援助の仕方等、実際に子どもと関わらないとわからないものです。この大切な機会を生かし、多くの子どもと接するよう心がけましょう。

3 保育者の職務および役割を現場で体験して理解する

発育途上の子どもたちに関わる保育者には、子どものすこやかな発達と、人間形成を担う重要な職務があります。その重要性や専門的職業人として働くことの意義を、保育の現場に参加することで少しずつでも理解できるよう、意識的に努力しましょう。また、実習生自身が補助的な立場に立つことによって、他の職員とのチームワークについても学ぶことは多いはずです。自分にできることは何かを考え、探してみましょう。

4 保育計画や年・月間指導計画等を知れば、園の目標や方針がわかる

実習前には必ず『幼稚園教育要領』『保育所保育指針』『幼保連携型認定こども園教育・保育要領』『学校教育法』『児童福祉法』『認定こども園法』に目を通しておき、実習園や施設の保育目標・方針について考えてみましょう。園の保育計画や教育課程、年間・月間指導計画、週・日案やデイリープログラムには、園の保育目標・方針が反映されているはずです。必要な資料と照らし合わせてみれば、行われている保育目標や方針が理解できます。部分実習や全日実習の指導案を考えるときにも参考になりますから、園長先生や指導担当の先生方にお願いして見せていただきましょう。

4 実習での経験は自分の財産になる

実習の日数は限られていますから、あらかじめ自分なりの目標を持って臨まないと、得るものもなく終了してしまいます。実習に対して目的意識を持ち、何でも吸収するんだという積極的な姿勢があれば、「子どもがかわいかったし、先生方も優しく楽しい実習だった」だけではなく、「朝の子どもの受け入れのポイントがわかり参考になった」というような感想を抱くことができるはずです。また、実際の保育の場に立ってみて、自分が保育者に向いているのかどうかを現実的に見極めることも、実習の大きな目的のひとつです。

1 1日の生活の流れを知って参加すること

基本的な保育時間は、幼稚園では4時間、保育園では8時間ですが、近年では幼稚園では「預かり保育」、保育園では「時間外保育・延長保育」を行っている園が増えています（30ページ「デイリープログラム」参照）。通常の保育時間だけでなく、預かりや延長保育がどのような内容なのかも理解しておきましょう。

実習の最初は見学と観察で、登園から降園まで、園の1日の中で、どの時間帯に何がどのように行われているのかを観察します。朝の挨拶、体操、トイレ、食事、帰りの挨拶などの基本的な生活習慣が中心となりますが、合同保育や混合保育、季節の行事等が取り入れられることもあります。

子どもと園の
1日を理解する

1日の流れを念頭に置きながら、子どもや保育者の動きをよく観察し、園の保育目標や方針がどのように生かされているのかを考え、日誌にまとめましょう。部分実習・全日実習の指導案（61ページ参照）を立てる際に、大いに参考になります。

2 基本的な生活習慣をなるべく細かく観察すること

生活習慣の中で特に、排泄、手洗い、着替え、食事、睡眠等の方法や時間帯は、年齢によってかなり違ってきます。トイレを例にとると、保育者はどのような方法や声かけで行かせているか、また、着替えの介助の関わり方は年齢によってどのような違いがあるか等、細かく見てしっかりとメモしておきましょう。

年齢による生活習慣の
違いを観察する

3 子どもと積極的に関わるポイントを知ろう

◆遊ぶ子どもを見る

子どもは遊びながらいろいろと考え、次のあそびへと展開させていきます。あそびを通して、創造力や運動能力を伸ばし、友達や仲間意識、自主性や自発性、社会性、情緒など、あらゆる面を伸ばしていきます。

子どもが最も生き生きと活動するのは、やはり自由に遊んでいるときです。1日の流れの中で、自由あそびがどのように扱われているのかを知り、同時に、何人くらいの子どもで、どのような会話を交わしながら、どのような方法で、どのくらいの時間遊んでいるのか、そして保育者がどのような場面で声かけをしているのかなどを細かく観察しましょう。一人ひとりの子どもの特徴も、遊んでいる姿からわかるものです。

子どもの遊ぶ姿にはそれぞれ特徴がある

◆子どもの名前の呼び方をチェックしよう

オリエンテーションの際に名札の書き方を確認するのは、園によって子どもの名前の呼び方が違うからです。朝の呼び方や保育中の呼び方など、時間的な違いもあるかもしれません。「ちゃん」なのか「さん」なのか、担任の先生の呼び方を聞いておぼえましょう。

「ちゃん」か「さん」か呼び方をおぼえる

◆細かい内容を観察する

保育活動の観察からはいろいろなことがわかります。どんな曲を歌っているか、先生の演奏法はどうか、読み聞かせの絵本や紙芝居の内容はどのようなものか、始まりと終わりの挨拶はどうするのか等、しっかりと細かい部分を観察しましょう。部分実習・全日実習の指導案作成の参考資料になります。

歌や絵本の内容などもチェックしよう

◆忘れないうちにメモする

子どもや保育者の動きは、実習生が「どうしてだろう？」と考える間もなく変化していきます。メモをとるときは、文章ではなく簡単な箇条書きで、要点を絞って書きましょう。中には、保育の邪魔になるなどの理由で、活動中にメモをとるのが許可されないこともあります。その場合には、その日の自分の観察課題を絞っておき、保育の場を離れる機会などを利用して、記憶が薄れないうちにできる限りメモをとりましょう。

機会を見てできるだけメモをとる

実習では明確な目標を持つ

自分なりの目標を立てて物事に臨む人と、そうでない人との差は歴然とでるもの。実りある実習とする最も大切な点は、学ぶべき課題についてきちんと目標を立てたうえで、目的意識を持って行動することだといえます。

1 目標を立てたら整理して箇条書きにしてみる

まず、実習に対する自分の考えや目標を書き出し、まとめて整理します。読みやすく箇条書きで表記し、目につくところにはっておきましょう。

目につくところに
目標をはっておく

目標を立てる

［例］
- 挨拶・返事を率先して実行する
- 園の１日の流れを把握する
- 子どもの名前をおぼえる
- 積極的に質問する
- ◯歳児の発達の様子を確かめる
- 多くの子どもたちとたくさん遊ぶ
- 同年齢の個人差を観察する
- 子どもが好きな手あそびをおぼえる

……など

2 立てた目標を毎日の実習に生かすコツ

目標は、カレンダーなど毎日目にするところにも書いておきましょう。日々の心構えができ、準備もしやすくなります。また、実習日誌（49ページ参照）等で１日の反省をし、不足だった点などはきちんと記録しておきましょう。翌日の実習にも役立ちます。

長期間の実習の場合には、１週ごとや、前半・後半などといくつかに分けて目標を立てると、どのような実習にしたいのかがわかりやすく、しっかりとした目的意識を持って実習に臨めます。

6 オリエンテーションの依頼をしよう

実習先におけるオリエンテーションに参加することから、実習が本格的にスタートします。実習開始の3週間前から1週間前までに実施されることが多いようですが、居住型施設等では実習の初日にオリエンテーションが実施される場合もあります。

1 オリエンテーションは1か月前までに電話で依頼する

幼稚園・保育園などには、実習開始1か月前頃までに、園長・施設長または実習担当の先生・職員に電話し、オリエンテーションの日時を決めていただきましょう。

2 園や施設に電話をかけてもよい時間帯の目安

電話をかける時間帯には、十分に配慮してください。

●幼稚園：園児が降園する14時以降、16時頃まで
●保育園（こども園）：園児が午睡する13時～14時頃まで
●施設：種別によりますが、10時～11時頃までと13時～15時頃まで

3 必要な物の確認も忘れないように

スケジュールだけでなく、実習日誌（保育記録）、上履き、養成校から指定された書類や資料、筆記用具など、必要な持ち物を確認します。また、特別に持参する物があるかどうかも聞いておきましょう。

4 楽譜の依頼をしよう

ほとんどの幼稚園実習では、ピアノの弾き歌いが必須です。特にキリスト教系の園では、賛美歌の弾き歌いが複数曲考えられます。両手ともに和音の連続で、1度に4音程度の鍵盤を押さえることが苦手な人にとっては、童謡の弾き歌いよりも多くの練習時間を要します。あらかじめ、オリエンテーション時に楽譜がいただけるようにお願いしてみましょう。

オリエンテーション参加の心構えとポイント

オリエンテーションへの遅刻や忘れ物は厳禁です。実習はこのときからスタートするのですから、第一印象を悪くするばかりでなく、社会人としても失格。実習中は「養成校の学生」ではなく「実習先の職員」であることを常に念頭においてください。交通機関の乱れ等の事態が起こることも考えられますから、時間には十分に余裕を持ち、最低でも開始 10 分前までには実習先に到着しましょう。

持参品リスト

◆実習日誌（保育記録）

日誌は実習評価のほぼ半分を占める重要なもので、事前に確認することも多いです。オリエンテーションで記入するページもあるはずですから、必ず持参しましょう。

◆養成校から指示された書類等

評価表、出勤簿、健康診断証明書、履歴書等、指示された書類はクリアファイル等に入れて折り曲げずに持参します。念のために印鑑（朱肉を必要とするタイプのもの）も持参しましょう。

◆上履き

必要な場合がほとんどです。指定がない場合、手持ちのスニーカー等をきれいに洗って使用することも可能です。また、同じものを実習でも使用できるか、確認しておきましょう。

◆日誌１日分のコピー

日誌は各養成校独自の形式・書式が用いられています。事前に渡すことで、実習先の指導担当者の指導の目安になります。指導案にも所定の書式がある場合には、コピーを持参しましょう。

◆筆記用具

ペン類は、使いやすいものを選び何本か用意しておきます。複数の実習に参加する人は、内容の勘違いを防ぐためにも、各実習ごとのノートを準備しておくとよいでしょう。

◆実習に入ったら加えたい物リスト

- 時計
- 辞書（国語小辞典）
- 着替え（下着・Tシャツ等）
- 最低限の身の回り品（髪ゴム、ブラシ、ハンカチ、靴下等）
- メモ用紙（記録用）
- お弁当
- 常備薬等
- 自分用のコップ、スプーン、箸、歯磨きセット等

チェックしておきたい確認事項

◆服装

保育実習中の服装や準備品は、園によって異なる場合がありますので、余裕をもって確認し準備しておきましょう。服装の基本的なポイントは清潔であること、動きやすいことです。派手なメイクや服装は避け、子どもが親しみの持てるタイプの物を選んでください。

また、季節に注意することも大切です。実習が夏季の人は、水遊びの時に着られるように、水着やその上に着るＴシャツを持参するとよいでしょう。

エプロン
色や形、また名札を縫い付ける必要があるかなど園に確認する。清潔さを心がけるために複数枚必要になる。園から支給された場合には実費を負担する。

服　装
Ｔシャツにトレーニングパンツなどゆったりした物。園に確認する。

外履き
スニーカーでよいのか、色の指定があるのかなど園に確認する。

髪の毛
長い髪はまとめる。前髪が目にかからないようにする。

爪
マニキュアやつけ爪はせず、短く切っておくこと。

名　札
大きさ、形、材質、名前の書き方など園に確認する。

◆実習日誌（保育記録）

ほとんどの実習日誌は時間を追って記入する形式なので、書ききれなくなる場合があります。紙をはって書き足してよい場合には、実習前に用紙をコピーしておきましょう。

また、修正テープの使用が可能なら下書きは不要ですが、不可能なら下書きが必要になることが多く、もしも間違えた場合には二本線で消して訂正印を押します。

子どもの個人名については、書いてはいけないという施設もあるので、確認しましょう。

いつ・何時に・どこで・誰に提出するのかは、はじめに確認しておきましょう。

8 オリエンテーションでのチェックポイント

オリエンテーションは、実習前に実際に園を見ることのできる貴重な場です。実習で行われることを想定して問題点や課題点を見つけ出し、実習で実力を発揮できるように万全な下準備をしておきましょう。

1 園バスの出発時間までに出勤を

登園時間の前には園バスでのお迎えがあります。園バスには先生方が交代で乗る場合が多く、乗車しない保育者は保育室の掃除や遊具の点検などの準備作業を行っています。園バスの時間に間に合うように行けば、努力が認められてお迎えに乗車させていただけるかもしれません。

2 部屋や廊下の壁は要チェック

保育室や廊下に飾られている子どもたちの作品から、子どもたちがどんな道具を使って、どの程度の技術を身につけているのかがわかります。指導案（61ページ参照）を考える際の参考にもなるので、観察しメモしておきましょう。

3 ピアノの向きを確かめる

保育室の中で、ピアノやオルガンがもしも壁につけてある場合は、弾き歌いをするときに、子どもたちに背中を向けることになります。その場合でも前奏の終わりの「さんはい」の声かけは子どもたちのほうを見なければなりません。しかし、演奏しながら振り返るのは思っている以上に難しく、練習が必要です。場合によっては、立って弾いたほうがよいかもしれません。事前に確かめて対策を練りましょう。

4 楽譜と演奏について

ピアノやオルガンは、楽譜どおりに弾かなくてはならないのかどうかを確認しておきます。特に難しいと感じられる曲は、左手の伴奏部分を簡易にしてもよいのか、といったことも確かめておきましょう。

園歌の楽譜をいただいたら、弾く機会はいつなのかを尋ねましょう。「念のため」というだけで、実習生が演奏することはないという園も少なくありません。弾かない曲の練習は不必要なので、必ず確認を。

5 絵本の数も大切なポイント

読み聞かせは園の活動としてはポピュラーですが、園による違いはやはりあります。置いてある絵本や紙芝居の数が多い園では、読み聞かせや絵本を自由に読む時間が多く、少ない園ではその逆のケースが考えられます。読み聞かせに慣れていない子どもは、長いお話が苦手なこともあるので、絵本選びの参考にしましょう。

6 障がい児の受け入れの状況は？

園や配属されるクラスに、障がいのある幼児が受け入れらている場合には、統合保育や障がい（26ページ参照）について、あらかじめきちんと勉強しておくことが重要です。子どもの障がいの種類や注意点等も確認しておきましょう。

7 費用の支払いを確認する

オリエンテーションや実習でかかる費用（給食費、教材費、行事参加費等も含め）はどのぐらいになるか、また「いつ・どのように・誰に」（例／初日・一括・会計担当職員に）お支払いするのかを確認しておきましょう。

8 実習先の資料をいただいておく

実習日誌には、実習先園や施設の概要、これまでの歴史などを記入するページがあることが多いので、園のデータが記載されている「園児募集要項」等の資料をいただけるかどうか尋ねてみましょう。

9 園長・施設長の出勤時間

不意の体調不良等で遅刻・欠勤等をしなければならないときには、まず園長または施設長に相談する必要があります。先生方が毎日何時に出勤されるのか、また園長が不在の場合には、誰に相談すればよいのかもあわせて確認しておきましょう。

― 実習の流れを知っておこう ―

実習前 ／ 実習中 ←約2週間～4週間→ 実習後

- **学校での事前講習**
  - 実習前のおさらい
  - 確認事項のチェック
- → **オリエンテーション**
  - 確認作業やチェックを
  - いよいよ実習へ
- → **見学・観察実習**
  - 参加することもある
  - より詳細な部分を見る
  - よく見てメモをとる
- → **参加実習**
  - 子どもの動きを見る
  - 保育者の援助を見る
  - 参加し学ぶ実習
- → **部分実習**
  - 活動指導案を作成
  - 一日の一部を受け持つ
  - はじめて指導を担当
- → **全日実習**
  - 実習の集大成
  - 一日の指導案を作成
  - 半日から全日を担当
- → **実習終了**
  - お礼とご挨拶をする
  - 日誌やまとめを作る
  - 反省会があることも
- → **学校に戻ってから**
  - 報告をしお礼状を書く

（園による違いはありますが、大まかな流れは上記のようになります ）

9 実習前の再学習と準備

限られた期間内で充実した実習を行うには、自分の目標にあわせた勉強や準備を、前もって入念にしておくことがポイントです。大切なのは、幼児の心身の発達について十分に理解しておくこと、そして講義で学んだことを、自分なりにしっかりと整理しておくことです。幼児期は発達が著しく、個人差も大きい時期ですから、実際の実習では、一般的な発達の特徴を理解したうえで、個々の発達の違いをよく観察してください。「子どもを知り、子どもから学ぶ」ことは、実習において最も重要な目的のひとつです。

1 外で出会った子どもの行動を観察しよう

外へ出ると、たくさんの子どもに出会います。子どもたちがお母さんとどのような会話をしているのか、どのような玩具で遊び、周囲のどんなものに関心を持つのか等、行動を観察してみましょう。各年齢の標準的な身長・体重を知っていれば、おおよその年齢が推測でき、子どもの行動観察がより具体的にできます。

先輩保育者からは「実習生は、子どもをほめることはするが、悪いことをしても叱れない」という声をよく聞きます。実習が終わった学生に尋ねると、やはり、「叱り方がわからなかった」という答えが多いようです。子どもが叱られているのを目にしたら、どんな理由で、どのような態度や言葉で叱られているのかにも注意し、自分の立場ならどのようにすればよいかを考えてみましょう。

2 子どもについての基礎知識を再確認し復習しておく

■身長・運動諸機能の発達を復習しておこう

年齢を追った子どもの発達を頭に入れておきましょう。一人すわりやハイハイができたり、スプーンを握って食事ができるようになるのはいつ頃か、などはあらかじめ知らなければいけない必須項目です。

- 新生児は、身長約 50cm、体重約 3kg が平均値。生後 1 年目には、身長は新生児の約 1.5 倍、体重は約 3 倍になり、4 歳では、身長は新生児の約 2 倍、体重は約 5 倍になります。
- 乳幼児は、身長に比例して頭部が大きいのが特徴です。出生時には 4 頭身ですが、2 歳で 5 頭身、6 歳で 6 頭身となります。全体のバランスから見て頭部が大きく、この時期は転びやすいため注意が必要です。
- 乳歯は 3 歳までに生えそろい、6 歳前後に永久歯に生え変わり始めます。
- 全身運動面では、2 歳で走ったり、跳んだり、三輪車をこいだりできるようになります。4 歳になると、鉄棒の前まわりができるようになり、ボールあそびや縄跳びなどにも興味を示します。5、6 歳では長距離を歩いたり、小高いところに登ったり、平均台、マット運動、跳び箱などもできるようになります。

■知的な発達を復習しよう

●言語面●

2歳を過ぎる頃にはいろいろな言葉をおぼえ、3歳を過ぎるとおぼえた言葉を使って思ったことを表現するようになります。また、3歳ではタ行・ラ行などがうまく発音できないこともありますが、4、5歳になるとできるようになります。

●思考面●

発達心理学者J・ピアジェは、幼児期を前操作的思考の時期と呼んでいます。この時期に、幼児は経験を通して考え方を変えたり、新しい考えを取り入れたりします。幼児の思考は自己中心的で、視覚的な面で影響を受けやすいものですが、7歳前後には物事の特性などが考えられるようになります。

■情緒の発達を復習しよう

3歳児の中には、自分の思い通りにならないと泣きわめいたり、ほしいおもちゃを他の子から叩いて取ってしまうことがあります。4歳児では自己主張が強くなる反面、けんかも増えます。5歳児になると善い悪いの区別がつき、我慢もできるようになり、きまりを守る、協同あそびができる等の社会性も身についてきます。

3 実習園（施設）の概要をきちんと再確認し不明な点をチェックする

実習に入る前に、実習先の施設について、次の点を再確認しておきましょう。オリエンテーションで聞いたことを、しっかりと実習日誌に書いておくことが大切です。

実習先名	正確な名前をおぼえる。
実習先の所在	最寄駅までの経路と所要時間、駅から実習先までの所要時間等の下調べが必要。
実習先の教育方針や沿革	実習先の園や施設の歴史や、保育で重視している内容を知る。
園と養成校との関係	卒業生が就職しているか、毎年の実習園（施設）なのか等。
園の規模	職員数、級数、園児数、何年保育の園か（幼稚園実習）等。今回の実習ではどのクラスへの配属を希望するのかなど、自分の希望を考えるための資料となる。
実習先の教育・保育の特色	わらべうた重視、宗教教育をしている、体育重視、鼓笛隊がある、シュタイナー（ドイツの哲学者）やモンテッソーリ（イタリアの医学博士）が唱えた教育法を実践している等、特色を知る。教材準備のときに、実習先の特色を考慮した事前の準備ができる。

4 実習先での1日は多忙なので実習に集中できるよう準備を

実習先での毎日は、朝早くから夕方まで、作業が多く時間も長いので、まず1日の流れを知って把握しておきましょう（30ページ参照）。園児の登園時間よりもかなり早く出勤し、園児が降園した後も、掃除、教材準備、記録の記入や整理、その日の反省と翌日の打ち合わせなど、多くの仕事があります。

実習中は職員として勤務するのですから、実習以外のことをする時間的な余裕はありません。個人的な作業や勉強等は事前に片付けておき、期間中は実習に集中しましょう。

5 実習日誌の記入方法やまとめ方を勉強しておく

実習日誌（保育記録）については、3章（49ページ）を参考にしてください。日誌は、実習中に子どもについてや、子どもと保育者との関わりについて、感じたこと、知ったこと、疑問点などを整理・記録して、今後の教育・保育に役立てるものです。

できる限り具体的に記入し、指導担当者や園側からの指導や助言も記入しておくと、後の学習に役立ちます。

6 指導案の書き方や教材研究をすすめておく

指導案（指導計画）については4章（61ページ）を参考にしてください。具体的な指導案の書き方、指導案の目的や保育での用い方等を整理しておきます。保育活動にはどんなことを行えばよいのかなど、実際に指導案を書くために必要なことをあらかじめ調べ、練習しておきましょう。

実習日誌や指導案の準備と練習を

7 子どもの好きなテレビ番組を見ておくのもポイント

子どもは、自分の好きなアニメーション番組のキャラクターになった「ごっこあそび」や、テーマソングの「替え歌」などが大好きです。

特に、Eテレ（NHK教育テレビ）をはじめ、テレビでは多くの子ども向け番組を放映しており、子どもに人気のある歌やあそび等、保育のヒントになる材料の宝庫です。おりをみて視聴しておきましょう。

子どもの好きなテレビ番組には、保育のヒントが

8 保育園や施設を目指すなら乳児介助法を身につけて

■おむつのあて方をおぼえよう

紙おむつか布おむつかによって異なります。家庭では紙おむつの使用が一般的ですが、保育園や施設によっては併用しているところもあります。市販品のパッケージに記してあるあて方を参考にしましょう。

紙おむつと布おむつ、両方のあて方を勉強しておくとよい

■調乳の仕方をおぼえよう

哺乳瓶の消毒の仕方、湯温の調節、ミルクの計量の仕方等、すぐに対処できるよう、粉ミルク缶にある説明文を参考に練習し、しっかりとおぼえましょう。

■食事の介助を復習しよう

子どもの月齢によって、介助の方法が異なってきます。1度のスプーンにのせる量、手づかみで食べたがる子どもへの援助の仕方等、講義での内容を復習しておきましょう。

食事の介助は月齢差を理解して

10 子どもたちが喜ぶ「自己紹介」を作ろう

実習生は、子どもたちにとって基本的には「飛び入り」の先生です。そこで子どもたちと仲よくなるには、最初の自己紹介が重要です。
ただ単に名前を述べるのでなく、子どもたちが興味や関心を持ち、受け入れてくれる自己紹介を工夫してください。

本(スケッチブック)を使った自己紹介

実例 この例は、絵本をめくるようにお話が展開し、実習生の簡単な紹介が子どもに伝わるように考えられています。絵も丁寧に描かれ、いろいろな仕掛けで子どもの興味を引く工夫がされています。

(作/きむらみゆき)

■自己紹介の展開

はい！　今日は初めて会うお友達に、先生のことを知ってもらいたいので、本を持ってきました。
先生の名前を探しながら、一緒に見てくださいね。

1 「先生は自分の手が大好きです。はさみを使って、物を切っておもちゃを作ったり、クレヨンや色鉛筆で絵を描くことが大好きだからです。次に、好きな色は…」(次へ)

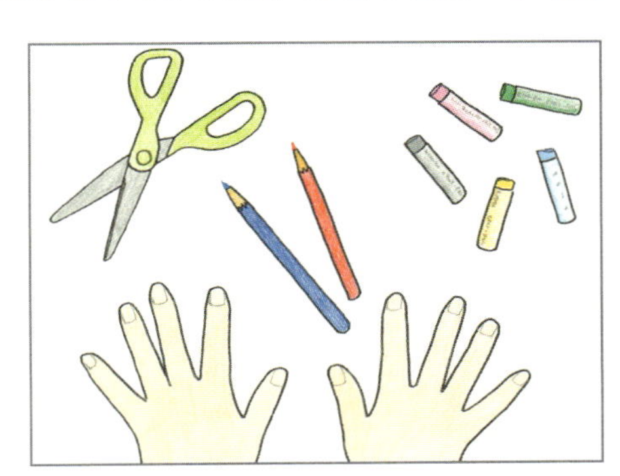

2 「空色です。晴れた日の青い空の色が大好きです。それから、好きな食べ物は…」(次へ)

3 「大きなイチゴがのったショートケーキです。それじゃあ、嫌いな食べ物は…」（次へ）

4 「ありません！　好きな動物は…」（次へ）

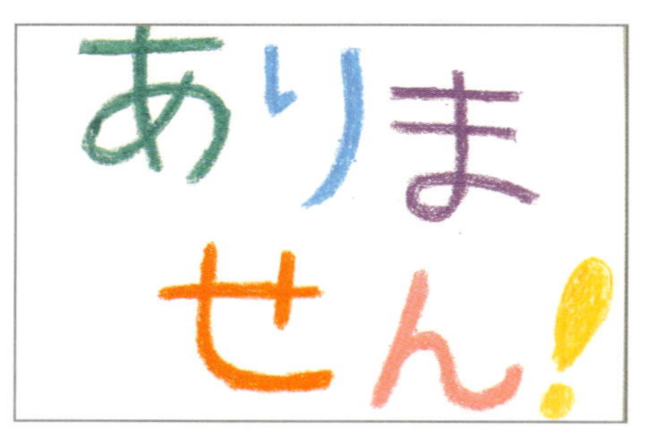

5 「ネコさんです。では、苦手な物は…」（次へ）

6 「何かわかりますか？　そう、ゴキブリです。苦手なので、ちぃーさく描きました。次に、先生が住んでいる町を見てみましょう」（次へ）

7 「ここで、みんなにお願いがあります！先生は自分が住んでいる町のどこかに、名前を落としてしまったのです。もし町の中にあやしーい文字があったら、先生に教えてください。ヒントは、木です。
　では、行ってみましょう！」（本を立てる）

8 「先生のおうちは、山のてっぺんにある団地です。四角い大きなおうちに、大勢の人が住んでいます」（本を横にする）

9 「春…先生の住んでいる町には、大きな桜の木がたくさんあります。春にはとってもきれいです」（本を立てる）

10 「夏…木がセミでいっぱいになります。とても賑やかな鳴き声です」
（セミのカードを操作＝「み」の文字）

「セミの鳴き声から
文字が見つかりました！
みーんみーんの『み』です」

11 「秋…木の色が、だんだんと変わります。どんぐりもいっぱい落ちていますよ」
（紅葉の変化をめくる）

12 「そして冬…山を降りた所に、クリスマスツリーがあります。暗くなるとライトがついて、さむーい帰り道で、明るく温かく『お帰りなさい』と言ってくれているみたいです」
（雪のカードを操作＝「ゆ・き」の文字）

「今度は雪から文字
が見つかりました。
『ゆ』『き』です！」

13 「先生の名前がぜんぶ見つかりました。みんなで言ってくださいね！『き・む・ら』はい！ パン『み』、パン『ゆ』、パン『き』！」
（手を打ちながら、子どもと一緒に）

14 「今度は先生のおうちから山を降りて、畑を通って森に向かいましょう」

15 「森をどんどん歩いていくと、向こうに何かが見えてきます。なんでしょう？」

16 「じゃーん！　どうぶつえんです。いろんなどうぶつがいますよー」
（ポップアップの動物園をひろげる）

「これで先生の本はおしまいです。
いつかみんなも先生の町に来てくださいね！」

エプロンシアターを使った自己紹介

実例 自己紹介する本人が人形として登場し、21 ページ～の実例と同様に忘れてしまった名前を探すという設定で展開します。エプロンにつけたポケットから名前のヒントとなる物を取り出していき、名前を探し出します。

1 人形が登場するが、自分の名前を忘れてしまう。「はじめまして、こんにちは。先生のお名前は……」（次へ）

2 「このエプロンのポケットに先生の名前を落としちゃったみたいなんだ。みんなも一緒に探してくれる？」（次へ）

※①～⑤の順にポケットから取り出す。

3 ①茶色のポケットから「やぎ」を取り出してポケットの外側につける（次へ）

4 ②葉っぱの形のポケットから「みのむし」を取り出してポケットの外側につける（次へ）

5 ③緑色のポケットから「くま」を取り出してポケットの外側につける（次へ）

6 ④黄緑色のポケットから「コアラ」を取り出してポケットの外側につける（次へ）

7 ⑤灰色のポケットから「トマト」を取り出してポケットの外側につける（次へ）

8 「やぎ…みのむし…くま…コアラ…トマト…」（次へ）

9 ①〜⑤の順番にマスコットを指で指しながら「そうだ！　思い出した！　先生の名前はやぎの『や』、みのむしの『の』、くまの『ま』、コアラの『こ』、トマトの『と』で『やのまこと』だ！」（次へ）

10 「みんな一緒に探してくれてありがとう！ぼくは『やのまこと』！　よろしくね！」

統合保育と障がいを再確認する

統合保育の園では、一般の子どもと障がいのある子どもとがいます。この場合、実習においても何らかの形で関わる機会があるはずです。ここでは特に、特別の配慮を要する子どもについて、その障がいの内容を再確認してみましょう。

1 統合保育・特別支援教育を理解しよう

統合保育（統合教育）は、ノーマライゼーションの理念を保育に生かし、どのような子どもも同一の保育園や幼稚園で保育教育をしようという考え方です。

特別支援教育とは、障がいのある子どもの自立や社会参加のための適切な指導と必要な支援を行うものです。文部科学省は平成19年に施行された改正学校教育法により、全ての学校で特別支援教育を推進することを法律上規定しました。保育園でも障がい児を積極的に受け入れ、統合保育を重視する園や自治体もありますが、予算の制約や受け入れ態勢などの問題から希望者が全て入園できないのが現状です。保育者を目指すなら、それぞれの障がいについても勉強し、その対応の仕方を知っておくべきでしょう。

2 知的障がいとは

①平均値よりも低い知能機能（個別知能検査でＩＱおよそ70程度以下）　②個人生活と社会生活上の適応障がい（意思伝達、対人的・社会的技能、学習能力、自立性などの2つ以上の領域での適応が困難）　③発症は18歳未満といった特徴があります。

障がいとしては認知機能と言語機能の未発達が主ですが、中～重度の障がいがある場合は、身体運動機能、感覚運動機能、社会性の未成熟や特異性なども見られます。

3 学習障がい（LD）とは

学習障がいとは「読字障がい」「算数障がい」「書字表出障がい」「特定不能の学習障がい」の4つをいいます。読み書きや言葉の学習に問題のある『言語性』と、方向や時間等の認識に問題のある『非言語性』、そして人の感情や心が理解できず社会に不適応を起こすタイプとに分けられます。

特徴としては、①基本的には全般的な知的発達には遅れがない　②読み・書き・計算・概念構成などができない　③形や場所、空間的な区別ができない　④多動や寡動などの行動異常　⑤注意の持続時間が短い、集中ができない、対象の適切な特徴を見出せない等の注意障がい　⑥固執性　⑦衝動性　⑧情緒不安定　などがあげられます。

文部科学省は、学習障がい児に対しては、特別な教育プログラムが必要なことを認め、実施しています。学習障がいの子どもには、その問題を正しく理解してあげ、適切な援助をしてあげることが必要なのです。

4 自閉症スペクトラム（ASD）とは

DMS-5（精神疾患の診断・統計マニュアル第５版）が2013年に改訂されたことにより、これまで広汎性発達障がい（PDD）とされてきた診断名が、自閉症スペクトラムという診断名に変わりました。また、広汎性発達障がいの亜型分類とされてきた「自閉性障がい・アスペルガー症候群・小児期崩壊性障がい・レット症候群・特定できない広汎性発達障がい」の分類が撤廃され、レット症候群を除くすべてが、自閉症スペクトラムという一つの診断基準にまとめられました。

DMS-5以前の広汎性発達障害では、カテゴリーが拡大し過ぎて、特定不能の広汎性発達障がいの診断が多くなり過ぎていました。それを狭める目的で、自閉症スペクトラムの概念においては、健常者～軽少～重症までの自閉症者が連続的(スペクトラム)につながっているものとし、境界線をあいまいにしています。自閉症スペクトラムを定義する症状は以下の２つです。

①社会的コミュニケーションの障がい／社会的・情緒的な相互関係ができない、他者との交流に用いられる非言語的コミュニケーションができない、年齢相応の対人関係性の発達や維持ができないなど。

②限定された反復する行動、興味、活動／常同的で反復的な運動動作や話し方をする、同一性にこだわり日常動作に融通の効かない執着をする、集中度が異常に強く限定的である、感覚過敏あるいは鈍感性など。

改訂前では３歳以前の発症が規定され、幼児期に特有の発達障がいとされていましたが、DMS-5の改訂により年齢の規定が緩められ、どの年齢でも発症することのある発達障がいと定義し直されました。重症度は３段階（レベル１～３）で規定され、自閉症者をどのように支援すべきかの目安としています。

自閉症スペクトラム障がいの子どもは、園での友人関係に困難さを生じることが多くあり、さまざまな状況に適応できずにパニックを起こしてしまうこともあります。子どもの持つ不安や恐怖を理解し、配慮しながら接してあげることが必要です。

レット症候群

女児だけに起こる遺伝子異変が原因となる進行性の疾患で、生後6か月から1年6か月頃に発症します。発症率は1万人に0.9人です。一旦獲得した発達が退行していくという特徴があり、生まれた時には運動発達・身体的成長ともに問題が見られることはありません。知能や言語能力・運動能力の発達が遅れ、手をもむような動作や、手をたたいたり、口に入れたりなどの反復性行動を繰り返す特徴があります。発達の退行、特徴的な手の動き、歩行の障害が主な３つの症状です。レット症候群の合併症としておよそ70～80％の確率でてんかんを発症し、患者数の少なさや治療法が確立されていないことから、難病と指定されています。

5 注意欠陥･多動性障がい（ADHD）とは

ADHDには、以下のような特徴があります。

①注意力障がい／集中が困難、気が散りやすい、必要な物をなくす、毎日の活動を忘れてしまうなど

②多動性／何となくそわそわ､席を離れてしまう､しゃべりすぎる、高い所に登るなど

③衝動性（衝動行為）／順番を待つことが苦手、考えないで行動する、他人にちょっかいを出すなど

④通常、症状が７歳以前に存在する

このように、ADHD児はどこの園にも学校にもいそうな子どもですので、発見が遅くなります。また、乳幼児期には、話し始めるのが遅い、言葉数や文章による会話が少ないなどの言語障がい性の特徴を示すこともありますが、基本的に言語理解はよく、対人的な行動や愛着行動にも問題がないように見えます。そのため、ADHDであることに気づかないまま、幼稚園や保育園で乱暴、わがまま、不器用などと問題視されてしまうこともあります。保育者は、子どもをよく観察すると同時に、保護者への対応にも慎重さと前向きな解決案とをもってあたらなければなりません。

6 被虐待児の問題点

子どもの虐待は、近年ますます問題になっています。児童相談所への相談件数を見ても、ここ10年で約3倍にも増加しています。このような状況から、保育園児や幼稚園児の中にも、虐待を受けている子どもがいる可能性が高くなっています。そして、被虐待児の保育や教育には、特別な配慮をしてあげなければいけない深刻な問題点が多々あります。

①心的外傷後ストレス障がいからくる問題点

信頼関係の基礎となる親から虐待を受けてしまった子どもは、心の傷（トラウマ）からくる症状が生じやすくなります。
①不眠や浅い眠り　②いらつき、興奮や怒りの爆発　③集中力の欠如　④過度の警戒心　⑤過度の驚愕反応　⑥トラウマとなった出来事を思い出させる場面や状況になると、会話を避ける、場所や人を避ける、発汗、心臓の動悸、めまいなどを感じる　⑦孤立感、感情表出の欠如により他人を信じられない、愛せない、悲しめない、笑えない（将来的にも一生の展望がもてない）などの問題が生じやすいのです。
（奥山眞紀子・浅井春夫編「子ども虐待防止マニュアル」ひとなる書房より）

②対人関係の問題点

保護者から、気分次第でかわいがられたり、叱られたりする一貫性のない養育を受けると、対人関係が作りにくくなり、
①相手の独占化　②極端な甘え、一転しての疎遠的行動や暴力　などが生じやすくなります。

③攻撃性の問題点

被虐待児は、常に叱られたり暴力を受けることで自分の存在そのものを否定されてきたため、絶対的無力感から攻撃的になります。
小動物への虐待、身体的暴力や言葉の暴力、いじめ・脅しなど、時には職員や保育者などの大人にも攻撃を仕掛けることで、自分に注目を集めたり、自分を虐待者に同一化させてしまった場合は、攻撃性を問題解決の方法に使ったりすることもあります。

④行動及び社会性の問題点

虐待が行われる家庭では、ほとんどの場合、社会とのズレが著しいため、周囲の人との関わり方の欠如など、子どもの社会性の形成にも問題が生じます。そのため、将来的に犯罪などの反社会的行動を引き起こす傾向が強くなってしまいます。また、不登校や引きこもり、家出、放浪などの問題行動を引き起こしてしまう子どももいます。

⑤心理的な問題点

表面的には、表情が固い、オドオドしている、不自然な笑い、落ち着きがない、緩慢な動作など、自己イメージの悪さや自信喪失感が見られます。さらに自己主張、自意識過剰などという心理的な問題点が表出してしまっている子ども、また、逆に大人びてしまう子どももいます。

このように被虐待児は、さまざまな問題を抱えて苦しんでいます。現在、児童養護施設には多くの被虐待児が入所していますが、非常に複雑な心理状態が行動に現れていることがわかります。

被虐待児への保育の現場での対応は？

では、被虐待児に対して、どのように関わればよいのでしょうか。保育の立場から最も重要な点は、もしも叱ったとしても、子どもたちに攻撃的・暴力的な印象を与えないようにし、園や施設が安全であると理解させてあげることです。
また、虐待に気づいた場合は、すぐ園長に報告し、1日も早い救済措置をとるべきでしょう。

第2章

基本編

園のプログラムと実習の流れ

1 幼稚園のデイリープログラム …… 30
2 保育園・認定こども園のデイリープログラム …… 31
3 居住型児童福祉施設のデイリープログラムと実習 …… 32
4 実習の段階とそれぞれの流れ …… 34
5 先輩たちの 嬉しい・困った エピソード …… 35
6 年齢別・保育のポイント …… 41

1 幼稚園のデイリープログラム

デイリープログラムとは、園で行われる日課のことをいいます。1日の活動の流れを時間で区切って示した、いわば「時間割」です。内容の作り方や提示方法には、園によってそれぞれ特徴がありますが、代表的な例を見てみましょう。

プログラムには園による違いがある

プログラムの違いには、まず園の規模があげられます。子どもが40人程度の園と、400人を抱える園では、当然ながら違いが出てくるわけです。

そして、園の方針による違いもあります。例にあげたA幼稚園は設定保育（保育者が計画を設定しながら行う保育）を中心としたプログラム、B幼稚園は自由保育（生活やあそび等子ども中心の保育）中心のプログラム例で、活動内容には違いが見られます。

また、園バスの有無、さらに、バスがある園でも、利用の有無で登園・降園時間の設定には幅が必要です。近年では、預かり保育によって降園時間に差があるケースも増えています。

下のプログラム表には、子どもたちの時間割と実習生の関わりを示してあります。

A幼稚園の場合

時間	内容	実習生
8:10	職員出勤 実習生 → 職員会議	参加
8:30〜9:30	順次登園後、好きなあそび（自由保育）	観察・参加
9:30〜10:00	片付け	観察・参加
10:00〜10:30	朝の会	観察・参加
10:30〜11:30	主活動（設定保育）	観察・参加
11:30〜12:30	お弁当準備・昼食・昼食片付け	観察・参加
12:30〜13:45	掃除・好きなあそび（自由保育）・片付け	観察・参加
13:45〜14:00	帰りの会・順次降園	観察・参加
	清掃 → 教材準備 → 職員会議 → 退勤 17:00頃	教材準備。職員会議には許可があれば参加

B幼稚園の場合

時間	内容	実習生
8:10	職員出勤 実習生 → 職員会議	参加
8:30〜9:30	順次登園後、好きなあそび（自由保育）	観察・参加
9:30〜11:30	戸外あそび・コーナーあそび（自由保育）	観察・参加
11:30〜12:30	お弁当準備・昼食・昼食片付け	観察・参加
12:30〜13:45	掃除・好きなあそび（自由保育）・片付け	観察・参加
13:45〜14:00	帰りの会・順次降園	観察・参加
	清掃 → 教材準備 → 職員会議 → 退勤 17:00頃	教材準備。職員会議には許可があれば参加

2 保育園・認定こども園のデイリープログラム

保育園や認定こども園でも、デイリープログラムが組まれています。保育園の場合、開園から閉園までの時間が長く、幼稚園にはない昼寝やおやつなどの時間割が組まれているのが特徴です。保育者は、早番から遅番まで、何段階かのシフト制をとっています。

それぞれ個性的な保育園・認定こども園

もともと、幼稚園と比較して１日の保育時間が長い保育園では、例のような長時間保育を実施している場合も少なくありません。時間割が違う点として、こちらも設定保育と自由保育の差、園バスの有無があげられます。時間が長いので、園によりそれぞれの内容には個性がありますが、多くは自由に子どもが楽しめる時間・環境設定が行われています。

認定こども園は、幼稚園機能と保育所機能の両方を果たしているため、長時間保育と短時間保育があります。

C保育園の場合

時間	内容	実習生
6:40	職員出勤 実習生 ー 早番・順次出勤	
7:00〜9:30	順次登園後、好きなあそび（自由保育）・朝礼	観察・参加
9:30〜10:00	片付け	観察・参加
10:00〜10:30	朝の会	観察・参加
10:30〜11:30	主活動（設定保育）	観察・参加
11:30〜12:30	お弁当準備・昼食・昼食片付け	観察・参加
12:30〜14:00	午睡 職員会議	許可があれば参加
14:00〜15:00	午前中の設定保育の続き	観察・参加
15:00〜16:30	おやつ準備・おやつ・おやつ片付け・好きなあそび（自由保育）	観察・参加
16:30〜17:00	帰りの会	観察・参加
17:00〜19:00	時間外保育（延長保育）	観察・参加
	清掃 → 教材準備 → 退勤 遅番 21:15頃	教材準備

D認定こども園の場合（長時間利用の場合）

時間	内容	実習生
6:40	職員出勤 実習生 ー 早番・順次出勤	
7:00〜9:30	順次登園後、好きなあそび（自由保育）・朝礼	観察・参加
9:30〜10:00	片付け	観察・参加
10:00〜10:30	朝の会、おやつ	観察・参加
10:30〜11:30	主活動（設定保育）	観察・参加
11:30〜12:30	お弁当準備・昼食・昼食片付け	観察・参加
12:30〜14:00	午睡 職員会議	許可があれば参加
14:00〜15:00	午前中の設定保育の続き	観察・参加
15:00〜16:30	おやつ準備・おやつ・おやつ片付け・好きなあそび（自由保育）	観察・参加
16:30〜17:00	帰りの会	観察・参加
17:00〜19:30	時間外保育（延長保育）	観察・参加
	清掃 → 教材準備 → 退勤 遅番 21:15頃	教材準備

3 居住型児童福祉施設のデイリープログラムと実習

居住型児童福祉施設のデイリープログラムは、保育園・幼稚園とは全く異なり、実習は原則として施設に宿泊しながら行われます。乳児院、児童養護施設、母子生活支援施設、重症心身障がい児施設での保育者を目指す多くの学生がこの宿泊実習を経験します。

施設での保育者の仕事

1	起床・睡眠の指導と介助
2	食事の準備、介助と後片付け
3	衣服の着脱の指導と介助
4	衣服の管理・洗濯・補修・縫い物
5	排泄や入浴の指導と介助
6	児童の健康管理
7	清掃
8	保育・学習の指導
9	学校との連絡
10	余暇の指導
11	家庭との連絡
12	会議
13	児童記録の作成　など

児童養護施設・知的障がい児施設での子どもたちの1日の生活

居住型の児童福祉施設において、子どもたちはどのような生活をしているのでしょうか？　ここでは「児童養護施設」と「知的障がい児施設」の2施設を見てみます。どちらも子どもたちにとっては生活の場ですから、基本的に一般家庭と同じような日課が組まれています。ただし、子どもの自立支援を目指し、集団生活の中で養護活動を行うという形態のため、規則正しい生活を送るということが大変に重要です。

また、当直・早出等、何段階かの勤務シフトがあります。園のようすを確認しておきましょう。

■施設のデイリープログラムの一例　※職員の仕事

児童養護施設	時間	知的障がい児施設
※朝食・登校登園準備等	6:00	※投薬・配膳等
起床　洗面	7:00	起床　洗面 ※介助・指導
朝食　※片付け等	8:00	朝食　※食事指導等
登園・登校　園内保育	9:00	登校 訓練 ※清掃・寮作業等
※洗濯・室内外清掃等	10:00	作業 ※作業・学習指導
	11:00	通院 ※介助・配膳等
昼食	12:00	昼食　※食事指導
午睡　※寮会議等	13:00	作業・学習
帰寮　※おやつ準備等	14:00	※作業・学習指導
クラブ活動 帰寮 おやつなど	15:00	帰寮 ※下校児受入等
※学習指導・夕食準備等	16:00	自由あそび
帰寮　学習	17:00	入浴　※入浴指導
清掃 入浴 夕食 ※片付け	18:00	夕食 ※食事指導・介助等
入浴　学習　※学習指導	19:00	自由時間 ※ホームルーム等
自由時間	20:00	(～21:00)就寝
(～22:00)就寝 ※見回り	21:00	※消灯見回り
※見回り・日誌記録等	22:00	※見回り・日誌記録等

※実習生が指示・許可を得て参加するものもあります。
注）時間は施設により変わります。

児童福祉施設での実習に入る前に

児童福祉施設での実習は、基本的には保育園や幼稚園などの実習と同じです。しかし、居住型の児童福祉施設は、さまざまな子どもたちが親元を離れて生活している場です。そのため、保育園や幼稚園などの実習とは違う点で、気をつけなければならないことがいろいろとあります。

1 自分の中に誤解や偏見はないか？

施設実習の前に、実習生自身が確認しておかなければいけない最も大切なことは、施設や子どもに対する偏った見方や先入観がないかという点です。事前に十分に勉強し、またボランティアなどを体験して、施設や子どもに対する偏見や誤解を自分の中から取り除いておいてください。実際に、実習の場で「ここで1日中生活はできない」と施設職員に平然と話した実習生の例がありました。職員の方が実習生を思いやって実習の続行を許してくれた場合があるとしても、本来はその場で実習中止となります。

●子どもの権利条約に目を通しておくこと

現在、施設では『子どもの権利条約』を基本として、子どもたちと保育者の関わり方を規定しています。実習生が意外にこの条約を知らないことも多いのですが、保育者を目指す者として恥ずかしくないように、施設実習に臨む前には、必ず目を通しておくことが大切です。

●子どもたちにとって、施設は家庭であることを忘れずに

実習生は、単なる施設にいるのではなく、そこで生活する子どもたちの「家庭」にいるという気持ちで臨むようにしなければいけません。具体的には、部屋やトイレの掃除、洗濯、食事の用意などを、普段から習慣づけることが大切です。

●自立支援の場であることを忘れない

子どもの自立を助けるためには、デイリープログラムの日課をはじめ、さまざまなルールがあります。まず実習生自身が、自分のできることは自分で行うことを忘れずにいてください。

●それぞれの子どもが違う環境から来ている

子どもが施設に来た理由は、百人いれば百通りです。そのことを念頭に置き、この子はこうだと決めつけないことです。

●自分の体調を整えておくこと

特に乳児、知的障がい児や重症心身障がい児は疾病にかかりやすいことを忘れずに。自分の体調も万全に整えましょう。

●身の回りの物は必要最低限に

宿泊実習では寮に寝泊まりをすることになりますが、ごく基本的な物だけを持っていきましょう。同室の人とのコミュニケーションなど、学ぶべきことは数多くあるはずです。虐待を描いたコミックを持っていた実習生の例がありますが、根拠はどうあれ、実習の場に不用意に物を持ち込むのは避けましょう。アクセサリー類や貴重品等も同様です。

●事前に周辺の散策や、実習施設のボランティアを

施設の状況などがわかり、実習もスムーズにはこびます。

●保護者に実習施設の内容を説明し、理解してもらう

施設に学びに行くということを保護者に理解してもらい、誤解のないよう、自分の目的と実習内容を正確に説明しておきましょう。知的障がい児施設の実習で、子どもに眼鏡を壊された実習生の保護者が苦情を訴えた例などもあり、身近な人の誤解を解くことも大切な実習の一環だと思ってください。

●名称や言葉遣いに注意すること

施設では、特に「先生」という名称は用いません。「職員さん」または氏名に“さん”をつけて呼びます。施設にいる子どもたちは、原則として「利用者」であり、名称には注意が必要です。

2 各施設での実習の留意点

【各施設での実習では、次のような点に留意しましょう】

●乳児院…2歳未満の乳幼児が生活をしているため、疾病にかかりやすいという点などに留意が必要です。

●母子生活支援施設…子どもだけでなく母親も同居しているので、母親への配慮も必要になります（言葉遣いなど大人とのつきあい方、礼儀などに注意しましょう）。

●児童養護施設…さまざまな理由から、親元を離れて生活している子どもたちがおり、留意が必要です。特に虐待を受けていた子どもには、細やかな気配りが大切です。

●知的障がい児施設…知的障がいといっても、さまざまなレベルがあります。オリエンテーションや事前のボランティア活動などで、個々を把握することを大切にしてください。特に実習に行く場合は、1日でもよいですから事前にボランティア体験をしておきましょう。

●児童自立支援施設…根底に多くの問題をかかえている子どもが多い施設です。事前の勉強をしっかりとしてから実習に臨むようにしましょう。

●重症心身障がい児施設…生活の場だけでなく、治療の場としての療法を行う側面があります。特に治療の場では、看護が重要になりますので、できるだけ看護についての事前学習を行っておいてください。

※施設での保育活動には、施設の目的や子どもたちの現状などを十分に勉強し、理解しておくことが欠かせません。
実習に行く場合は、1日でもよいですから事前にボランティア活動を体験しておくことをおすすめします。

4 実習の段階とそれぞれの流れ

実習生が体験する実習には、いくつかの段階があります。実習前には、「学内で事前指導と実習の準備」があり、次に「施設でのオリエンテーション」があり、その後「見学実習・観察実習」「参加実習」「部分実習」「全日実習」へと進んでいきます。

1 見て学ぶのが主流の見学実習・観察実習

1日の流れ、子どもの様子、保育者の援助の仕方等を見て学ぶのがこの実習です。保育実習では参加実習と並行して行われることが多いですが、幼稚園実習では1～3日くらいあると考えられます。

2 実際に保育に関わる参加実習

保育活動への参加を中心とする実習です。担当指導者が作成した指導案にそって、保育活動を行います。

3 一部の時間帯を担当する部分実習

登園時の活動から、手あそびをする、絵本を読む、歌を歌うなどの活動、そして自由あそびまで、1日の中のある時間帯の保育を部分的に担当する実習で、参加実習の後、全日実習までに数回経験します。

あらかじめ自分で指導案を立てて行う部分実習と、保育の流れの中で、指導担当者から「この部分をやってみましょうか」という形で、当日急に決まる部分実習とがあります。

4 まる1日の保育を担当する全日実習（責任実習）

登園から降園まで、1日の保育を責任を持って担当する実習です。実習生が自ら指導案を作成して準備し、全日保育を実施して評価を受けます。通常の場合はこの実習が行われますが、施設によっては、行事等の関係で1日のうち一定の部分だけしか行わないこともあります。

また、保育園では、保育時間が長時間になるため、ある時間帯を中心に責任実習を行うことが多いようです。

5 先輩たちの{嬉しい/困った}エピソード

実習中に嬉しかったことや困ったことを書き留めた先輩たちのエピソードです。指導担当者に提出する「実習日誌」ではありません。その分、実習生自身の言葉で、率直な気持ちが記されています。ほぼ原文を掲載します。

嬉しいエピソード日誌 1

日	時間	場所	エピソード	感じたこと、考えたこと、実行したこと等
1日目	8:00	ホール	朝の自由あそびの時間に子どもたちが塗り絵をしてくれたり飛行機の作り方を教えてくれて、一緒に作ったり飛ばしたりして遊びました。自分で作った飛行機や塗り絵をプレゼントしてくれました。プレゼントされた1枚の塗り絵には「ゆうこせんせいへ」と私の名前まで書いてありました。	実習1日目の朝、とても緊張していましたが、子どもたちが思った以上に自然に話したり遊んだりしてくれたので、とてもよいスタートが切れました。私の名前や、名札についているウサギのワッペンにも興味を示してくれて、「これなんて読むの?」「名前は?」と聞いてくれたので、私に興味をもってくれたんだなあと思いました。プレゼントはとても感激しました。一生大切な宝物です。
	11:30	つぼみ組	給食の時間、「おいしいねー」と言っておいしそうな顔をすると、M女も私の顔のまねをしてにこっと笑っておいしそうな顔をしてくれました。	言葉かけと同様に、保育者の表情も子どもたちにとても大きな影響を与えているのだと思いました。まだ言葉の話せない0～1歳児でも表情で何かを訴えようとしたり、保育者の表情からさまざまなことを感じています。言葉が理解できたり話したりできないからこそ、表情を含めたコミュニケーションが大切なのだと思います。
2日目	12:30	もも組	お昼寝のとき、子どもたちを寝かしつけるために背中をトントンとたたいてあげました。最初はなかなか寝つけず、ぐずっていた子どもが、だんだん静かになって、寝息を立て始めたことが、日常的なのだと思いますが、とても嬉しく感じられました。	子どもがだんだんと眠りについていく様子はとても静かで、時間がゆったりとしており、幸せな瞬間だなあと感じました。「どんな夢を見ているのかなあ」と想像してしまいました。私自身は「ヘンゼルとグレーテル」のお菓子の家を食べたいと思っていたら、夢の中でそのお家へ行けました。
	14:30		昨日は実習初日だったので、排泄時の着替えなど私が慣れていないこともあり、援助を拒否されてしまうことがありました。2日目の今日は子どもたちとだいぶ仲良くなれたので、昨日は援助を嫌がっていた子どもも、子どものほうから寄ってきてくれ、「これやって」と言ってくれました。	昨日は余裕がなく、必死になって「着替えさせよう」という意識が強すぎてしまい、それが子どもにとっては窮屈だったのかもしれません。今日はだいぶコツをつかめて、子どもがトイレに行っている間に脱いだ服を広げ、着やすいように並べておくだけで、昨日は援助しなければ着られなかったズボンを一人ではける子がいました。始めからできないと決めつけるのではなく、子どものペースを尊重しなければならないと思いました。
3日目	9:15	たんぽぽ組	朝の自己紹介のとき、ウサギがにんじんを食べる仕掛けになるように紙皿を使って作ったものを見て、喜んでくれました。「ウサギが大好きな、オレンジ色をした食べ物は何でしょう」と聞くと「にんじん!」と張り切って答えてくれました。私の呼びかけに子どもたちが答えてくれたことにとても感動しました。	やる機会があったらいいなと実習の前に用意していたものを今日やっと出せました。思った以上に子どもたちの反応がよかったので、つぼみ組やもも組のときにもやればよかったと後悔しました。自分で作ったものに興味をもってくれることはとても嬉しいです。昨日、一人で練習した甲斐がありました。やはり声に出して練習することが大切だと思います。鏡の前で、自分のやっていることが子どもたちからはどんなふうに見えているかチェックしたことで、緊張感がずいぶん和らぎました。子どもたちへの話し方や発問の仕方などをさらに勉強する必要性を感じました。
4日目	9:00	たんぽぽ組	ブロックあそびのときO男がブロックで車を作っていました。「かっこいい自動車だねえ」と声をかけると「先生にも作ってあげる」と言って、ブロックを一生懸命集めて同じ物を作ってくれました。	O男は私のためにいろいろな所からブロックを集めてきてくれました。O男はお友達に「このブロック貸して」と言われると、何も言わずに貸してあげる優しい男の子です。「ありがとう」と言葉をかけると、はにかんだ笑顔を返してくれました。とてもかわいらしかったです。
	11:15		絵本を読んだとき、とても静かに真剣に聞いてくれました。	子どもたちは騒がずに集中して絵本を聞いてくれました。こんなに真剣に聞いてくれると、もっと上手に、もっと楽しく読めるようになりたいという気持ちが強くなりました。

日	時間	場所	エピソード	感じたこと、考えたこと、実行したこと等
5日目	10:00	すみれ組	ひな祭りの折り紙の作り方の説明をしたとき、「次はどう折るの?」と聞いてくれたり、一生懸命折って完成させて「できたよ!」と見せてくれたことが、説明に必死だった分、とても嬉しかったです。	初めて子どもの前で説明をさせていただきました。私が小さいときに憧れた「先生」みたいです。初体験だったのでとても緊張しました。「〜の仕方を教える」「〜を説明する」ということがどれだけ難しいことかがわかりました。でも、そういうことを通して感じる喜びもあります。子どもたちが「できた!」と言って喜んでいる姿を見ると嬉しいです。
	11:50		給食の時間にどの席で食べようかと迷っていると、「先生ここで食べて」とたくさんの子どもたちが言ってくれました。	初めてのクラスで緊張していましたが、不安も一気になくなりました。
6日目	10:30	園庭	園庭での外あそびの時間に、たくさんの子どもたちがいろいろなあそびに誘ってくれました。 ・枝拾い→いろいろな形の枝を集める。 ・縄跳び→二人跳び等をお友達と仲良く跳ぶ。二重跳びをやって見せると「私もやりたい」と言って練習を始めました。 ・砂場あそび→ケーキ作り、山を作ってトンネルを通す。 ・かくれんぼ→みんなで相談して、どこに隠れれば見つからないかを考える。	園庭では子どもたちがのびのびと遊んでいます。 ・枝拾い→園庭にはいろいろな木が植えられていて、植物もたくさんあるので、足元には普段だったら見落としてしまいそうないろいろなものが落ちています。細い枝、太い枝、丸い石ころ、きれいな色をした石など、子どもはそういったものを見つけるのがとても得意です。 ・砂場あそび→集めた枝をローソクに見立てて、砂で作ったケーキにさしたり、見つけた石を大切に取っておいたりと、あそびはどんどん広がっていくし、一人ひとりの子どもの感性に触れることができました。 ・かくれんぼ→もう必死です。大人の世界でいうと生きるか死ぬかくらいの勢いでやりました(言葉は悪いかもしれませんが)。作戦会議を開いてどこが隠れ場所によいのかを考えます。でも結局は「もういいかい?」の声に返す「もういいよ」の声が大きいので、すぐに見つかってしまいます。でも何回もやります。とても楽しかったです。
7日目	9:00	ばら組	自由あそびの時間に、女の子たちがカラフルな毛糸を使って三つ編みを作っていました。みんなで髪に結んでリボンにするようです。A女が自分の作ったものをプレゼントしてくれました。	やっぱり女の子はおしゃれが大好きです。みんなでおそろいのリボンをつけることを楽しみ、その一員になれた気がして、とっても嬉しかったです。
	10:00		設定保育はフルーツバスケットを変形してひな祭りバスケットをしました。おひなさまやお内裏さま、ぼんぼりやももの花のカードに塗り絵をしたとき、子どもたちが自分の使っているクレヨンや色鉛筆を貸してくれました。そして、「先生のおひなさま、きれいな色だねえ」と言って、私のカードに興味を示してくれました。	子どもたちは先生のすることをよく見ています。カードの色や塗り方も「先生ははみ出さないでキレイに塗れているよね」などと2、3人で話していました。子どもたちも一人ひとりが自由にカードの色つけを楽しんでいました。いろいろなおひなさまやお内裏さまがあって、本当に春がきたかのようにカラフルでした。ゲームへのこのような導入の仕方で、より一層楽しさが増すということを実感できました。
8日目	10:00	ばら組	自分の持ってきたおもちゃのあそび方を教えてくれました。	今日は「おもちゃの日」でした。お友達にも進んで貸してあげたり、私にも声をかけてくれ、仲良く楽しく遊べました。
9日目	11:10	トイレ組	たんぽぽ組のH男が、「先生、次はいつたんぽぽ組に入るの?」と聞いてくれました。	トイレに排泄の様子を見に行ったときのことです。たんぽぽ組の子どもたちも排泄の順番待ちをしていて、H男が後ろから足をキュッとつかみ、聞いてくれました。たった2日しか入らなかったのにそのように聞いてくれて、違うクラスに入ってもしっかりと見ていてくれているんだということが、なんだかとても嬉しかったです。
10日目	12:00	ゆり組	クラスのみんなが知っているトマト嫌いのT男が、みんなの励ましで、全部食べました。	小さく切ってあげると、がんばって食べました。「T君大嫌いなトマトを一生懸命食べてえらいねえ」と周りの子どもたちに話しかけると、子どもたちが「T君がんばって」と応援してくれたのです。少し時間はかかりましたが、全部食べ切ることができました。T男の満足気な表情を見て、私も嬉しくなりました。

嬉しいエピソード日誌②

日	時間	場所	エピソード	感じたこと、考えたこと、実行したこと等
1日目	朝	お遊戯室	初めての実習が始まり、「先生」と呼んでもらえたことが嬉しかったです。会を開いて歌を歌ってくれました。	少しでも早く子どもたちと打ち解けられるように、早く名前を覚えて、積極的に言葉かけをするなど、1日1日を大切にしていきたいです。
2日目			昨日話しかけてもあまり言葉を返してくれなかった子どもが私のところに来て一生懸命にお話ししてくれて嬉しかったです。	隣で同じあそびをして目を合わせるようにしたり、目が合ったときには微笑むようにして、少しずつ打ち解けていきたいと思いました。
3日目	給食		給食当番の子どもたちと食器や入れ物などを返しに行くとき、S女が「給食のおばさんがとりやすいでしょう?」と言いながら、遠回りしておばさんのとりやすい場所まで持っていってくれました。	相手を思いやる気持ちを小さいながらにしっかりと持っていて感激しました。子どもたちと接していると、私まで素直で明るく元気になれるような気がします。子どもたちから学ぶことがたくさんあります。しっかりと勉強していきたいです。
4日目	朝	職員室	参観日だったので昨日がんばっていつも以上に床に水をまいたり、サンダルをたわしでこすって汚れを落としておいたら、年長組の先生に、トイレがきれいで驚いたとほめていただきました。	昨日はいつも以上に時間をかけてがんばったので嬉しかったのと同時に、気づいていただけるということがわかり、ますますがんばろうという気持ちになりました。
5日目		保育室	子どもたちと遊んでいたら男の子に「先生は何でいつも笑っているの?」と言われてとても嬉しかったです。	男の子がそう感じてくれていることが嬉しかったです。これからもいつも笑顔で過ごそうと思いました。
6日目		保育室	3歳児クラスでの実習でした。かわいいしぐさや言葉遣いなど、今までの子どもたちとは違うことが見られて、よい経験になりました。	1歳違うだけでこんなにも違うのかと驚きました。発達の違いで援助や言葉かけも変える必要があると感じました。先生方の様子を参考にしながら勉強したいです。
7日目		保育室	先週末初めて紙芝居を演じたときには反省点が多かったですが、今日は、子どもたちが集中して聞いてくれて、感想を言ってくれました。先生にもよかったと言っていただけました。	前回の反省を生かして家に紙芝居を持ち帰り、下読みをしたり、指導案に細かく注意点をまとめておいたことが、向上につながったと思います。これからも続けたいです。
8日目	時間外	保育室	時間外保育のときに宝探しをしました。年長組のH女が、年中組・年少組の子たちと宝(お菓子)を探してみんなに見つけてあげていたら、自分の宝がなくなってしまいました。	お菓子がほしいという思いがあるのに、グループで一番のお姉さんだということを意識して、小さい子のお菓子が見つかるまで待ってあげていたことがすばらしいと思いました。あやとりやコマのまわし方も教えてくれて、優しさが伝わってきます。
9日目	退勤時	保育室	先生から「紙芝居の演じ方が前よりも上手になったね」と言われ、嬉しかったです。	先生が演じ方の細かいポイントを教えてくださったおかげで、少しずつ上達できたのだと思います。家に持ち帰って練習した甲斐があったと嬉しく思いました。もっともっと上手にできるように努力したいです。
10日目	時間外	保育室	時間外保育では折り紙やあやとり、コマなどが自由に使えるので、子どもたちにたくさんのあそびを教えてもらっています。	時間外保育は、クラス以外の子どもとも触れ合える貴重な機会です。年齢によってあそびが違い、それぞれの特徴を見ることができます。子どもたちが「こうするんだよ」と一生懸命に教えてくれます。
11日目		保育室	責任実習の主活動では、「あかずきんちゃん」の絵本を読んでから、そのお話の鬼ごっこを行いました。思った以上に子どもたちが夢中になって遊んでくれたので、安心しました。	子どもの前に立って指導し、呼びかけていく難しさを強く感じました。一人ひとりの様子を気にしながら全体を見ることが必要でした。もっとスムーズに進められればよかったと反省しました。しかし、子どもたちが楽しそうに遊んでくれて嬉しかったです。この反省を生かして、もっともっと勉強したいです。

困ったエピソード日誌 1

日	時間	場所	エピソード	感じたこと、考えたこと、実行したこと等	相談した人
3日目		保育室	話せない0歳児に対してどう接してよいのかわからないまま、無言で1日関わってしまいました。	子どもに拒否されて落ち込んでしまい、子どもと深く関われなかったので、拒否される問題は解決できませんでした。	0歳児・2歳児クラスの先生
5日目			1日を通して拒否されてしまうことが多々ありました。保育室での着替えやトイレなどは近づくだけで「来なくていい」と言われてしまい、散歩では、子どもと手をつなごうとしたら「嫌だ」と手を隠されてしまいました。無理強いするわけにいかないと思い手をつながずにいると、先生から「道路は危険がいっぱいです。子どもに何かあったらどうするのですか、きちんと手をつないでください」と怒られてしまいました。《先生に怒られる、子どもには拒否される》という状況に、本当に困りました。	初日に2歳児クラスの先生に「子どもに拒否されて落ち込み、関われないようでは、ずっと子どもと関われない。拒否されても踏み込んでいくくらいの意気込みがないとだめ」と言われたので努力しましたが、頭で考えているほど簡単ではありませんでした。子どもから「嫌だ」と言われると、どう踏み込めばよいのかわかりません。拒否されても落ち込まず、さらに積極的に関わる、拒否されて無理強いせず納得してくれるように導くことはテクニックを要することだと強く感じました。	0歳児・2歳児クラスの先生
			おもちゃの取り合い、遊具の順番など、どのクラスにおいても仲裁ができませんでした。「貸してほしい子」「貸さずにまだ自分が使い続けたい子」の間に入り、両方の気持ちを受け止めて、両者が納得する結果に導くことができずに終わりました。	おもちゃや遊具の順番に関しても、子どもの様子をよく見なくてはいけないと思いました。子どものけんかが始まってから関わりだしたので、取り合いの言い分が双方で違ったので、どちらが正しいのかわかりませんでした。先生方は、「先生見てたよ、O君のほうが先に使ってたんだよね」と、事実をすべて知っていました。何かあってから関わりだしたのでは遅い、常に子どもに目を向けていなければならないのだと、改めて思い知りました。	各クラスの先生

困ったエピソード日誌②

日	時間	場所	エピソード	感じたこと、考えたこと、実行したこと等	相談した人
1日目			子どもたちの言いなりになるだけで、どのように接したらよいのかがわかりませんでした。	まずは焦らずに遊んだり見守り、子どもの姿を受け止めることが大切だと思いました。先生方の言葉かけや援助の仕方を参考にして、少しでも先生の姿に近づきたいです。	担任
2日目			あそびや何かをするときに、どうしても積極的な子どもにばかり手を引かれてしまい、おとなしい子どもとの関わりが少なくなってしまいました。	クラス全員と仲良くなることを目標としているので、声をかけてくれない子に対しても、こちらから声かけやあそびを一緒にして、関われるようにしたいです。	担任
3日目	朝	園庭	T男とY男がけんかして、Y男が泣いてしまいました。どちらに聞いても相手が先に嫌なことをしたと言ってうまく対処できませんでした。	両者の気持ちを聞き、気持ちを受け止められるようにしたいです。お互いの気持ちを伝えてあげることも必要だと教えていただきました。	担任
4日目	午睡前	トイレ	先生に、「F女がトイレに行く振りをして戻ってくるのでついて行って」と言われ、様子を見ました。個室には入るのですが、用を足さずに出てきてしまいました。	「どうしたの？　お昼寝のときおしっこしたくなっちゃうよ」と聞くと、キラキラ光る糸くずを持っていました。「先生が大事に持っていてあげるから大丈夫だよ」と言ったら安心して用が足せたので、とても嬉しかったです。	担任
5日目		保育室	初めて子どもの前で紙芝居を演じました。安定した持ち方や抜き方がうまくできず、子どもから「違うよ、違うよ」と注意されてしまいましたし、そのことが気になり、棒読みになってしまいました。	心構えができていませんでした。何に気をつけながら演じればよいのか、頭ではわかっていましたが、まるでできませんでした。先生にどうしたらよいのか相談したので、次回からはうまくできるようにがんばりたいです。	担任
6日目			突然3歳児クラスに入りました。いままでの4歳児に比べ、話す言葉がたどたどしかったり、体も一回り小さく、あそびもまるで違っていました。どのように援助すればよいのかわからず、子どもができることにまで手を出してしまいました。	できないと言っている子だけに目を向けるのではなく、周りの子はどうなのか、また、すぐに援助するのではなく、「こうしてみたら？」などとヒントを与えて自分で達成できるようにしてあげたほうがよかったと思いました。	
7日目	午後		午後から半日実習をさせていただきました。子どもたちを次の活動に移動させる難しさを感じました。皆と同じことができていなかったり、ふざけている子ばかりが気になり、全体を見ることができず、先生に助けていただくことが多かったです。	行動が遅い子だけでなく、むしろ早く済んでしまった子への対応や声かけがきちんとできていたら、皆の行動ももっとスムーズにできたのではないかと反省しました。その場その場で適切に対応することの大切さを学びました。	
8日目			紙芝居の前には手あそびをして子どもたちの注意がこちらに向くようにする必要があります。毎回いろいろな手あそびを教えてあげたいのですが少ししか知らないので、もっと覚えていけばよかったと思いました。	これからはもっといろいろな手あそびを覚えます。	
9日目			お話を聞かずにお友達にちょっかいを出す子どもには注意をします。そのときは止めてもすぐに始めてしまいました。先生が注意をするとそんなことはないので、違いを感じます。	「今は話を聞くときだからお友達に手を出してはいけない」「寝るときだから動かずに目を閉じる」など、はっきりと、時にはほめながら声をかけるとよいと教えていただいたので、参考にしようと思います。	担任
10日目			実習最終日に、園児全員の前で何かやってほしいと園長先生に言われ、何をしてよいのかわからず困ってしまいました。	いくつかできることやあそびを考えておくべきだったと後悔しました。次回の実習のときにはあらかじめ準備をしておきたいです。	
11日目			責任実習をさせていただきました。この時間までにこの活動を終わらせなくてはならないとの意識ばかりが強く、細かいことまで目を配れませんでした。	計画ばかりに捉われず、全体を見ながら余裕を持ってできればよかったです。その場その場で対応できる力を経験を積みながら養いたいです。	担任

困ったエピソード日誌 ③

日	時間	場所	エピソード	感じたこと、考えたこと、実行したこと等	相談した人
1日目	11:30	つぼみ組	食事の介助をしようとM女のスプーンを持って給食を口に入れようとしたら、私が出した手が気に入らなかったようで、その後、機嫌が悪くなり、ずっとぐずってしまいました。	M女があまりにも悲しそうに泣くので、大変なことをしてしまった気がして、私も泣きそうになりました。1歳なのに自己主張があってびっくりしました。先生のお話によれば、M女は何でも一人でやりたい時期にあるらしく、保育士はできないからと手を出すのではなく、じっくりと見守ってあげることも大切だとのことでした。このような成長の過程を見ることができ、保育士の対応の仕方が学べて勉強になりました。もっと一人ひとりの子どもをじっくりと観察し、その子どもに合わせた対応を心がけていきたいです。	担任
2日目	8:30	もも組	O男に上履きを履かせるのに苦労しました。子どもに靴を履かせるのがこんなに難しいことだとは、思いもよりませんでした。	前が開くタイプの上履きなら履かせやすいのですが、少し小さめだったり、ゴムを広げて履かせるタイプのものはコツが必要だと思いました。子どもの足はとても細く肌もツルツルしているので、あまり力を入れるわけにもいかず、その加減をつかむまで苦労しました。	
3日目	11:00	たんぽぽ組	ブロックあそびのお片付けのとき、まだ遊び続けている子どもに「片付けようね」と声をかけてもなかなか片付けようとせず、少し戸惑いました。	なかなか片付けようとしないのはなぜだろうかと思い、「お片付け嫌いかな？」「まだ遊びたいの？」などと聞いてみると、お友達が使っていて使えなかったブロックが、お片付けになってその子の手から離れたので遊びたかった、ということがわかりました。理由を聞くことでなぜそうしたのかがわかり、また「遊びたかった」という気持ちに共感できました。その後「でも今はお片付けの時間だから片付けようね、次にブロックで遊ぶときには、1番初めにこのブロックで遊ぼうね」と声をかけると、素直にお片付けしてくれました。今日のことで、何よりも子どもの気持ちを理解し、共感することが大切なのだということを学びました。そうすることでこちらの気持ちも伝わり、子どもなりに考えて行動してくれるのだと思いました。	
4・5日目			着替えや身の回りの片付けなどの援助の加減が難しく、どこまで援助してどこまで一人でさせるかが判断できず、少し悩んでしまいました。	一人で着替えや片付けがなかなかできずにいたので援助していたのですが、先生に「一人でさせてください」と言われました。今の時期（3月）、できるだけ自分の力でできるように声かけしているとのことでした。さまざまな環境に配慮して保育が行われていることがわかりました。見守るということも保育であり、先生方の声のかけ方が勉強になりました。	担任
6日目	11:00	園庭	外あそびの時間、たくさんの子どもたちが「遊ぼう！」と声をかけてくれたのですが、だれと先に遊ぶかで少し言い争いになってしまいました。	助け鬼をすることになったのですが、縄跳びがしたかった子どもが少しすねてしまいました。鬼ごっこの後に二人跳びや二重跳びをして遊んだら機嫌が直り、仲良く遊べました。大勢と遊ぶだけでなく、一人ずつとも遊び、もっともっと仲良くなりたいです。そして、なかなか私に声をかけない子どもたちにも進んで声をかけ、一緒に遊びたいです。	
7日目		すみれ組	A女がすごくなついてくれています。どうしてもA女との関わりが多くなり、無意識のうちに他の子どもとの関わりが少なくなっていたらどうしようか、他の子どもに目が向けられなくなっているのではないだろうかと不安になります。A女は甘え上手で、「これして遊ぼう！」「これできないからやって」と進んで話しかけてきます。	多くの子どもと関わりたいという気持ちがあります。自分の気持ちの持ち方、声のかけ方、保育士としての目配りの仕方などを意識して、さらに勉強したいと思います。A女から輪を広げ、他の子どもともどんどん関わっていきたいです。	
8日目	11:00	園庭	外あそびの時間、H男が手から血を流して泣きながら来ました。口には砂が入ってしまったようで苦しそうでしたが、対処の仕方がわからず、すごく慌ててしまいました。	転んでしまったようでしたが、とっさに何をしてよいのかわかりませんでした。けがの正しい処置の仕方を身につけることが必要だと思いました。どんなときにも冷静な判断ができるようになりたいです。	
9日目	9:00	ばら組	女児の間ではやっている編み物の編み方がわからず、子どもに教えてもらいました。	「先生やって」と言われましたが、指編みをやったことがなかったのでできませんでした。子どもたちは器用に編んでいて、とても驚きました。	
10日目	10:00	園庭	雪がたくさん降ったので、外で雪あそびをしました。子どもたちは容赦なく雪玉をぶつけてくるので、私が雪だるまになりそうでした。うんていを何人かの子どもたちがやって見せてくれましたが、ぶら下がるだけでなく、上に登ってしまい、困りました。	落ちてけがをしては大変だと思い声をかけましたが、「平気平気」と取り合ってくれません。あれもこれもだめと言うのではなく、どうすれば危険のないように遊ばせられるかを、子どもの視点に立って考えなくてはならないと感じました。でも「すごいねえ」と言葉をかけたものの、怖くて見ていられず、「よし、上手にできたから降りてみよう」と言って、降りてもらいました。	

6 年齢別・保育のポイント

保育は、対象年齢ごとの子どもの発達の特徴に考慮することが大切です。年齢ごとの発達過程については指導案を作成するときや、実習を行うにあたって、欠くことのできない知識ですので、きちんと理解しておきましょう。ここでは、0歳から6歳までの子どもの発達の特徴と、あそびの特徴、それにともなう保育のポイントを年齢別にまとめました。ただし、これはあくまで目安ですので、個人差があることは認識した上で、実際の保育に役立ててください。

1 6か月未満の子どもの発達の特徴と保育のポイント

発達の特徴

身長や体重が増加し、著しい発育・発達が見られます。生まれてから180日前後までのこの時期は、大変脆弱なときでもありますが、母体内から外界への急激な環境の変化に適応し、視覚、聴覚などが著しく発達することで、手足の動きが活発になる時期です。

【身体のおもな発達の特徴】

●視覚が発達し、周囲の人や物をじっと見る（生後3か月ころ）
●聴覚が発達し、物音や話し声に反応する（生後3か月ころ）
●首がすわる（生後4か月ころまで）
●手足の動きが活発になり、物をつかもうとしたり、手を口に持っていったりする(生後5か月ころから)
●寝返りや腹ばいなどをするようになる（生後6か月ころまで）

【心のおもな発達の特徴】

●「あー」「うーあー」などの喃語や、泣く、笑うなどの表情の変化で自分の欲求を表現する
●生理的な笑みから、あやされて笑うなどの社会的な笑みへと変化する
●単調な泣き方から、抑揚があり、感情を訴える泣き方へと変化する
●周囲の人や物をじっと見つめたり見回したりするなど、自分を取り巻く世界を認知し始める

あそびの特徴

物や人などを見ることが、中心的なあそびになります。また、身近な人の声かけや玩具等に反応して、音への関心を持つようになり、近くの物をつかもうとするようになります。抱いたり、腹ばいにさせたりと体を動かすなどスキンシップをはかることも、乳児にとってはあそびになります。

保育のポイント

子どもが示すさまざまな欲求に、大人が適切に応えることが大切です。このことで子どもの心に大人に対する信頼感が生まれます。特に身近にいる保育者は積極的に子どもに応答してあげることで、情緒的な絆が形成されます。

- この時期は睡眠と覚醒のリズムが大切なので、１日の中でぐっすり眠れる環境づくりと、起きている時間のリズムに十分配慮する
- ６か月未満の子どもは、発達の度合いが個々によってさまざまで、月齢によっても大きく異なるため、個々の発達度合いに応じた対応を心がける
- 口に入る物は何でも入れてしまう時期なので、誤飲には十分注意する

2 6か月～1歳の子どもの発達の特徴と保育のポイント

発達の特徴

この時期の子どもは、自分を取り巻く身近な人との触れあいが多くなります。手指を使って触れてみたいという、好奇心を持つようになります。「喃語→単語を話す」「手を使う」「ハイハイ→つかまり立ち→歩き始め」というように、月齢に伴って運動機能がめざましく発達します。また、人見知りをする乳児も見かけるようになります。

【身体のおもな発達の特徴】

- おすわり→ハイハイ→立つ→つたい歩きと運動機能が高まり、周囲を探索するようになる
- 親指と人差し指で物をつまめるようになる
- 両手で物を持ち、たたき合わせたり、打ちつけたりできるようになる
- 離乳が始まり、離乳食を食べるようになる

【心のおもな発達の特徴】

- 喃語に加えて、身振り手振りで欲求を伝える
- 大人と関心事を共有したいという欲求が高まり、さかんに周囲の物を指差しする
- 大人の簡単な言葉を理解するようになるとともに、「マンマ」など簡単な言葉で自分の欲求を伝えたい、聞いてもらいたいという表現意欲が高まる
- 親しい大人との愛着が深まる反面、知らない人に対して人見知りをするようになる

あそびの特徴

ハイハイや、寝返り、おすわりなど体が移動できるようになるこの時期は、何にでも物に触れてみたいという欲求が顕著になります。特に手指が著しく発達し、積み木で遊んだり、ボールを持って転がしたり、投げてまた拾うなどをくり返して遊びます。

保育のポイント

この時期の子どもは喃語に身振りを交えて自分の意志や欲求を表現しますので、気持ちを汲み取り、言葉にして応答するようにします。大人の声や言葉の意味、応答の心地よさを通して、簡単な言葉の意味を理解するようになり、コミュニケーションが芽生えてきます。

- 離乳食が始まり、自分の手で食べたいという欲求が芽生える。子どもが楽しい雰囲気で、喜んで食べられるように心がける
- 人見知りはこの時期の発達の特徴なので、子どもが泣く場合は無理に関わらず、慣れた保育者とともに、徐々に関わるようにする
- 子どもは話せなくても、大人の言うことをある程度理解しているので、積極的に声をかける

3 1歳～2歳の子どもの発達の特徴と保育のポイント

発達の特徴

前日までできなかったことができるようになるなど、めざましい変化の時期です。つかまらずに歩けるようになり、活動範囲が広がり、あそびもどんどん増えてきます。大人のかける言葉のおおかたが理解でき、自分からも片言で話すようになります。表情や動作も多様化してきます。

【身体のおもな発達の特徴】

- 歩き始める
- つまむ、めくる、引っ張る、クレヨンを持つなど指先を使った細かい動作ができるようになる
- 脚力やバランス力が身につき、物を押したり、出し入れしたりするようになる

【心のおもな発達の特徴】

- あそびの中でイメージをふくらませ、おもちゃを実物に見立てて遊ぶなどの象徴機能が発達する
- 2つの言葉を組み合わせて話せるようになる
- 友達や周囲の人への関心が高まり、真似をしたり、同じおもちゃを取り合ったりするようになる

あそびの特徴

見る物、触れる物すべてが新たな発見となり、特に歩くこと、手指を使うことから今までにない体験が増える時期です。保育者のまねをして話したり、一緒に同じ動作をすることを楽しみます。

保育のポイント

食事や着替え等を自発的にするようになる時期なので、保育者の援助は必要最低限にとどめ、そばで見守りながら、やりたいという気持ちをサポートするようにしましょう。うまくいった時はほめ、喜びを子どもと共有することも大切です。

- ●活動的になる子どもの好奇心を満たせるような環境づくりを心がける
- ●言葉の理解には個人差があるので、子どもの気持ちを汲んで保育者が代弁してあげることも大切

4 2歳の子どもの発達の特徴と保育のポイント

発達の特徴

走ったり、跳んだりなど、体を自分の思い通りに動かせるようになります。自我が芽生え、何でも自分でやろうとしたがり、保育者に認めてもらうと自信につながります。また、第一反抗期といわれる時期でもあり、自分の考え通りにならないとかんしゃくを起こすなど、感情の起伏が現れてきます。

【身体のおもな発達の特徴】

- ●歩く、走る、跳ぶといった基本的な運動機能が整う
- ●指先の機能が発達し、食事や着替えなどを自発的にするようになる
- ●排泄の自立のための身体的機能が整ってくる
- ●語彙が豊富になり、発声も明瞭になる

【心のおもな発達の特徴】

- ●行動範囲が広がり、探索活動が活発になるとともに、自我が育ち、自己主張が強くなる
- ●大人のまねを盛んにするようになり、物事の間の共通性を見出すようになる
- ●象徴機能が発達し、大人とともにごっこあそびができるようになる

あそびの特徴

あそびを通して品物や言葉のやり取りを楽しみます。一人あそびを十分にさせて、大人が一緒に遊んであげるとよいでしょう。「みたて」あそびが、保育者を仲介としながら少しずつ「ごっこ」あそびへと移行していく時期です。

保育のポイント

身の回りのことを自分でできるようになるとともに、自我が育つ時期です。自分でやろうとする気持ちの一方で、時には甘えたり、うまくいかずにかんしゃくを起こすなど感情が揺れ動く時期ですが、自我の順調な発達と理解して、さりげなく援助しましょう。自分の主張や行動がすべて受け入れられないことに徐々に気づいていきますが、自分を信じ、見守ってくれる大人の存在によって自分の気持ちを立て直していきます。

- ●行動範囲が広がり、探索活動が盛んになるので、安全面に留意しながら子どもが十分に活動できるようにする
- ●模倣やごっこあそびを友達を交えて行うことで、友達と一緒に遊ぶ楽しさを次第に体験できるようにする

5 3歳の子どもの発達の特徴と保育のポイント

発達の特徴

自主性や自我が芽生える時期で、他人とは違う自分を主張する行動が多くなります。また、物の名前や機能を知りたがり、「どうして？」という問いかけが多くなります。個人差が強くでる時期であり、自発性を尊重することが大切です。

【身体のおもな発達の特徴】

- ●基本的な運動機能がさらに発達し、歩く・走る、押す・引っ張る、跳ぶ、またぐ、投げる、ぶらさがるなどの動作が一通りできるようになり、体の動きをコントロールできるようになる
- ●食事や着替え、排泄など身の回りのことをほぼ一人でできるようになる
- ●語彙が急激に増加し、日常生活での言葉のやりとりが不自由なくできるようになる

【心のおもな発達の特徴】

- ●知的好奇心が高まり、盛んに質問をするようになる
- ●「何でも自分でできる」という意識が高まり、大人の手助けを拒むようになる
- ●予想や意図、期待を持って行動するようになる

あそびの特徴

この時期になると、場を共有しながら個々が別々に遊ぶ平行あそびが主体になります。その中で、保育者との関わりよりも、遊具の貸し借りなどを通して「きまり」や「マナー」を学ぶようになります。ごっこあそびが盛んになり、あそびの時間が長く持続し、友達と協力して仲良く遊べるようになってきます。

保育のポイント

心身ともにめざましく発達、発育する時期です。自我がはっきりしてくるものの、まだそれをうまく表現できないこともあるので、一人ひとりの発達段階も考慮しながら優しく受けとめるようにします。

●食事の際に箸を使おうとするなど自立心が高まる時期なので、安全面に配慮しながら子どもの主体性を育むように心がける
●友達との触れ合いの中で、順番や決まりを守ることを覚え、徐々に友達との関わりを深められるようにする

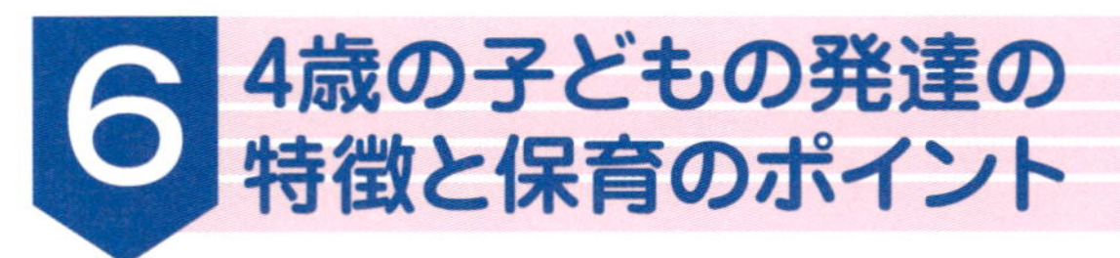

6 4歳の子どもの発達の特徴と保育のポイント

発達の特徴

生活の流れが理解でき、保育者に言われなくても自分の力でいろいろなことができるようになってきます。自意識が芽生え、自分の思ったようにならないのではないかという不安を感じるようになります。反面、がまんしようとする自制心が育ち、気持ちをコントロールできるようになります。友達と一緒にいることの喜びが大きくなる一方で、自分の興味・関心のままに進んでしまう子どももいて、けんかや競争が起こりやすくなります。心の成長や感性の発達に注目し、保育者が励ましたり、きちんと方向性を示してあげることが大切な時期です。

【身体のおもな発達の特徴】

●バランスをとる能力が発達し、片足跳びやスキップなどができるようになる
●手先が器用になり、ひもを結んだり、はさみを使うことができるようになる
●歌いながらおどるなど、2つの動作を同時に行えるようになる

【心のおもな発達の特徴】

●水や土、昆虫や草花など身近な自然環境に興味を持つようになる
●想像力が広がり、絵本の中の世界と現実に体験したことを重ね合わせたりするようになる
●大きな音や暗がりなどを恐れ、自分だけとり残されるような不安を感じるようになる
●他者と自分の区別をはっきり認識するようになり、自意識が生まれる
●自分の欲求と、がまんしなければいけないという自制心との葛藤を経験する
●友達との競争心が生まれる

あそびの特徴

人だけでなく、他の生き物や事象など、関心を抱く視野が広がる時期です。観察力が鋭くなり、周囲の人や物への関わり方を、自分なりに探してあそびにつなげていきます。友達のあそびや物の作り方をまねながら、自分なりに学習したやり方を見つけたり、人に教えたりします。

保育のポイント

どろんこあそびや虫とり、花つみなど、周囲の自然環境を積極的に取り入れ、認識力や色彩感覚を育みましょう。自然環境との関わりを通して、身体感覚を養い、想像力を高めることは、子どもの心の安定にもつながります。

●友達と行動をともにすることに喜びを感じる一方で、けんかなどで人間関係の葛藤に悩む時期。このような気持ちを大人に共感してもらったり、励まされたりすることをくり返すことで、他人の気持ちを理解するようになる
●お互いの主張をぶつけ合うことをくり返しながら、違いに合意していくという過程は、子どもの社会性を育んでいく。自己を十分に発揮することと、他者との協調性を、経験を通して学んでいけるようにする

7 5歳の子どもの発達の特徴と保育のポイント

発達の特徴

自立が進み、グループ内で問題が起きたり、だれかが責められても、解決案を出したりフォローする子どもが出てくるなど、けんかやぶつかり合いはほとんどなくなってきます。運動機能がますます発達するのに伴って、サッカーなど、あそびがより活動的になってきます。

【身体のおもな発達の特徴】

●朝起きてから夜寝るまでの生活に必要なことはほとんど一人でできるようになる
●生活の流れを把握し、次にやるべきことを自分から進んで行うようになる
●運動機能がますます発達し、ボールあそびや縄跳びなど体全体を使った複雑な運動ができるようになる
●手先の器用さが増し、雑巾を絞ったり、小さな物をつまんだりできるようになる
●心肺機能が高まり、あそびがより活発になり、さまざまなことに挑戦するようになる

【心のおもな発達の特徴】

●自分で考えて判断し、批判をしたり、自分達で問題を解決しようとする
●仲間意識が生まれ、仲間の必要性を実感し、他人のために役立つことに喜びを感じるようになる
●相手を許したり、異なる考えを許容できるようになる
●大人の手伝いをしたり、年下の子どもの面倒を見るなど他者を気遣う感受性が生まれる

あそびの特徴

人との関わりが上手になり、友達と一緒に学ぶことを喜びます。言語と運動機能の発達で、仲間同士みんなが楽しめるあそび方を考えるようになります。

保育のポイント

社会性がめざましく育つ時期です。あそびも自分達でルールを作るなど、さらに自主性が高まります。主張の違いなどでけんかや言い合いになっても、すぐに大人にたよらず、自分達で解決することを試みますので、あたたかく見守るように心がけましょう。

- 運動機能が高まり、新しいことに挑戦することで、子どもの自主性や自立性を育む
- 言葉による伝達や対話を増やし、集団生活の中で、話し合いを通して自分の思いを伝える力と、相手の話を聞く力を身につけられるようにする

8 6歳の子どもの発達の特徴と保育のポイント

発達の特徴

何かをしたいという欲求がふくらむ時期で、さまざまなあそびを通じて友達との関係を深め、社会的な人間としての土台ができてきます。また言葉による自己表現ができるようになります。手指の機能も発達して、全身運動もスムーズにできるようになります。

【身体のおもな発達の特徴】

- 身体的に成熟し、全身運動がよりなめらかになる
- 手先の器用さがさらに増すことに加え、さまざまな用具や材料を工夫して使えるようになる

【心のおもな発達の特徴】

- 仲間の意思を大切に思い、満足するまで物事に取り組むようになる
- 創意工夫を重ねて、あそびなどを発展させるようになる

あそびの特徴

仲間同士の中でリーダー格の子どもを中心として、ルールのある集団あそびを楽しむようになります。また、あそびを楽しむだけではなく、充実感や達成感を伴ったあそび方を展開するようになります。

保育のポイント

園の年長としての自覚や誇りを持つようになり、自信を持って行動するようになります。一人ひとりが持っている知識を盛り込んで創意工夫をこらすようになるので、それに対応できるような保育材料や環境を用意することを心がけましょう。

- 集団遊びの中で役割が生まれ、それを担うことであそびを発展させていくようにする
- 身近な大人に時には甘え、気持ちを休めながら、自立心を一層高めていけるようにする

基本編

第3章 実習日誌は実習生の宝箱

1 実習日誌の注意と書き方 …… 50
2 1日の流れと項目別日誌のポイント …… 52
3 実習日誌記入のポイント …… 54
● 練習用実習日誌 …… 60

1 実習日誌の注意と書き方

実習日誌は、『実習生の財産』であるといわれると同時に、オリエンテーションから「見学・観察実習、参加実習、部分実習、全日実習」（17 ページ参照）の全実習期間中にわたり続けなければいけない大変な作業でもあります。そして、実習の評価の半分は、この実習日誌にあるといっても過言ではありません。この章では、実習の各段階でのねらいを、ポイントを絞ってあげていきます。園によって項目や形式には違いがあり、実習の各段階ごとに少しずつねらいが変わっていきますが、基本的な内容は同じです。

1 明日の実習へつなぐ記録となる

実習で経験したことや考えたことのすべてを日々まとめていくのが実習日誌です。日誌は、その日の実習が終了してから最後に書くものですから、実習中に気づいたことは必ずメモをとっておきます。その日にあったことを整理し、体験した内容を具体的に記録して、自分なりの感想や反省点をつけ加えます。これは、翌日だけでなく後日の実習につなげるデータになるので、具体的に書きましょう。

2 以降の学習に役立てる

日誌は毎日、前日分を園や施設の指導担当者に提出し、最終的な評価を受けることになります。日誌には、日々の経験で得た知識、反省や感想、指導担当の先生からの指摘やアドバイスなどが詰まっています。実習中は毎日、日誌をじっくりと読み直し、そこから得た発見を、以降の学習に生かすことが大切です。また、部分実習や全日実習時の指導案（61 ページ参照）の作成にも、日誌は欠かせません。

3 実習日誌の経験が将来役立つ

保育者には、子どもたちの保育記録や保護者への連絡帳、園や施設の日誌など、記録の仕事が常にあります。そして、これは園全体の財産となるものですから、わかりやすくしっかりとした内容でなくてはいけません。将来のためにも、実習日誌を学習として認識し、経験を確かなものにするべく努力してください。各項目のポイントを念頭に入れ、できるだけ詳細に記録していくようにしましょう。

実習日誌の作成ポイント

日誌は学習の一部だということを認識し、きちんとした書き方を習慣づけるためにも、以下の点に気をつけましょう。

実習日誌を受け取ったら、まず記入欄や項目内容を確認してみましょう。そして、学年、学籍、氏名、実習年月日、実習園の名称や住所など、事前に記入できる事項はていねいに書いておきます。

読みやすい字で書く

実習日誌は提出を目的とするものです。誰が読んでもわかるように、誌面にあった大きさの読みやすい文字（止め、はねのある楷書体）で書きましょう。また、メモしておいた内容量などを考え、できる限り誌面に納まるように記録します。

誤字・脱字に気をつける

常に手元に辞書を置いて、誤字がないかどうか確認し、一般的に漢字で表記される文字は漢字で書きましょう。書いた後は必ず読み返し、脱字のないように。

例：誤字
雲り→曇り／とうり→とおり
かたずけ→かたづけ

例：表記の注意
子供→子ども／障害→障がい

感想は素直に、反省は考えをまとめて

感想は、感じたことを素直に記します。反省や考察は、感想をふまえたうえでさまざまな場面を振り返り、考えを整理し、論理的に順序だてて書きます。

保育の現場に「同じ」はない

たとえ活動内容が前日と似ていても、子どもの反応まで同じということはあり得ません。日誌に「前日と同じ」とは絶対に記さないようにしましょう。

○月○日（水）天気　晴れ　　担任　○田○子先生　　実習名　○山○絵

3　歳児　ゆり　組　　在籍　20　名　　出席　19　名　　欠席　1　名

保育のねらい	
実習生の目標	

時間	子どもの活動	環境構成	保育者の活動・配慮	実習生の活動・気づき
8:30	登園する	連絡帳の箱とシールを用意	笑顔で元気に挨拶、受け入れをする。	前日と同じ。
9:00	好きな遊びをする	絵の具・画用紙を用意する。	子どもといっしょに遊び、危険のないように見守る。	楽しかった。子どもが打ち解けてくれてうれしかった。

主語を明確に書く

内容を書くときは、保育者なのか子どもなのかの区別がつくように、「○○をした」だけではなく「A 女が○○をした」など、主語を明確にしましょう。

「何が、どうして」を具体的に

実習日誌で多いのが「うれしかった」「よかった」という表現ですが、それだけでは内容がわかりません。なぜうれしかったのか、どんな点をよいと思ったのかを、そこにいたった経過を含めて具体的に書きましょう。

口語体で書かない

担当指導者が目にするものですから、「話し言葉」ではなく「書き言葉」で記録しましょう。

例：ちゃんと→きちんと、しっかり
うるさい子→騒いでいた子

1日の流れと項目別日誌のポイント

実習日誌を書く上で、重要となるポイントはどこでしょうか？　このページでは、園の1日の流れを「登園時、あそびや活動、昼食時、降園時」の4つのパートに分けてあげていきます。実習の中で、しっかりと観察し、参加し、日誌に記入しておきたいポイントをおさえましょう。

1日の流れ

登園	あそび・活動	昼食	降園
登園時の配慮や挨拶など、活動のようすを見る	あそびのルール作り、道具の準備、子ども同士のトラブルへの対処など、学ぶべきことが多い	挨拶やマナーなど観察ポイントが多い	忘れ物などの確認作業をする

1 登園時のポイント

- 園バス登園で家が遠い子どもと近い子ども、また徒歩の子どもの、出かける時間の差への配慮は？
- 保育者（先生方）は挨拶をどうしているか？

登園時の配慮、挨拶など
活動のようすを見る

2 あそびや活動のポイント

- 日常的な決まりや、あそびのルールはどう作るか？
- あそびを行う場の整備や、道具の準備の仕方は？
- 天候（暑さや雨天）にともなう活動の変更の仕方は？
- 各年齢での、子どもの発達の差への考え方は？
- 保育者（先生方）の目配りの仕方や、安全への配慮は？
- 保育者のあそびへの関わり方と援助の仕方は？
- 子どもにわかりやすい話し方、説明の仕方は？

活動実習の場は、
学ぶべきことが多い

- けんかや泣いている子どもへの対応の仕方は？
- 子どもの個人差への配慮や、対応の仕方は？
- 子どもの興味や関心を高める声かけや工夫とは？
- 子ども自身の気づきや発見への、保育者の反応は？
- 集団行動に遅れがちな子どもへの対応の仕方は？
- 製作が早く完成した子どもと、遅くて終わらない子どもへの配慮の仕方は？
- 読み聞かせや紙芝居など、集中が必要な活動を行う際の留意点は？

子ども同士のトラブルへの対応は重要なポイント

子どもの個人差への配慮と対応の仕方を学ぶ

3 昼食時のポイント

- 食事の準備や手洗いなどはどうしているか？
- 食前食後の挨拶はどうしているか？
- グループ分けや当番などはどうなっているか？
- 子どもの好き嫌いや食べ残しへの考え方は？
- 落ち着いて食事ができない子どもへの対応は？
- 後片付けの方法、声かけや援助の仕方は？
- 食後の休息時間はどうとっているのか？

子どもたちが楽しみにしている昼食時は、
挨拶やマナーをはじめ観察ポイントも多い

4 降園時のポイント

- 降園時の活動内容と段取りはどうなっているか？
- 身支度時の援助の仕方や注意点は？
- 忘れ物がないかどうか、持ち物確認の方法は？
- 子どもに配付物を渡すときの配り方や説明は？
- 降園時の挨拶はどうしているか？
- 明日を楽しみにさせるような言葉かけの仕方は？

忘れ物がないかなど、確認作業を学ぶ

3 実習日誌記入のポイント

56 ページの実習日誌の例の項目別に、記入のポイントを紹介していきます。

1 保育のねらい

■「見学・観察実習」日誌のポイント

「何を観察するか」を、日程に応じて設定していきます。基本的には、子どもの年齢別の発達をメインとして、どのように保育活動が行われているかを見学・観察し記録します。

●留意点
・全体を見て、1 日の活動の流れをつかむ
・少しずつ子どもたちの名前をおぼえる
・毎日の担当保育者のねらいを理解する

■「参加実習」日誌のポイント

「どう動くか」がこの実習の基本です。担当保育者の指導案にそって、実際に保育活動に参加します。指導案の内容と、子どもの発達に応じてねらいを設定し、何を学びどのように活動に関わっていきたいのかを具体的に書きましょう。

●記入例
・「活動内容とそれぞれの子どもの発達に応じて、ふさわしい言葉かけを行う」

■「部分実習」「全日実習」日誌のポイント

1 日の保育活動の一部または全体を、自分で指導案（61 ページ）を考え保育を担当する実習です。指導案に記入したねらいを書き入れます。

2 子どもの活動

■「見学・観察実習」日誌のポイント

指導案の活動予定を「登園する」「好きなあそびをする」などのパートに分け、○印をつけて細かい内容を記入していきます。実習日誌の記入例を参考にしましょう。

●記入例「登園する」
・挨拶をする
・連絡帳を出してシールをはる

おはようございます
シール・はるよ

■「参加実習」日誌のポイント

参加実習も、保育担当者の指導案にそって、「見学・観察実習」と同様に記入していきます。

■「部分実習」「全日実習」日誌のポイント

この項目も「ねらい」と同様、指導案作成に伴って考えます。それぞれの活動に合わせて、どういうことをするか、細かい内容を予測して箇条書きで記入しましょう。

●記入例「好きなあそびをする」
・砂場あそび　・鬼ごっこ　・ボールあそび
・絵の具あそび（ダンボールや画用紙に、ふでや指／手を使って好きな絵を描く）

3 環境構成

■日誌のポイント

何を準備し、どこに置けばあそびや活動がよりスムーズに運び楽しいものになるか、環境を整えることは保育の大切な要素です。

実習のすべての段階で共通ですが、特に道具を使うものや準備が必要な活動などについては、日誌に具体的に記しておきましょう。

文字だけではなく、略図を入れたほうがわかりやすくなります。部屋の構造や出入り口、ピアノなど、また保育者と子どもたちの位置関係を記すことも大切です。

●例：活動の環境を記す→略図を入れる

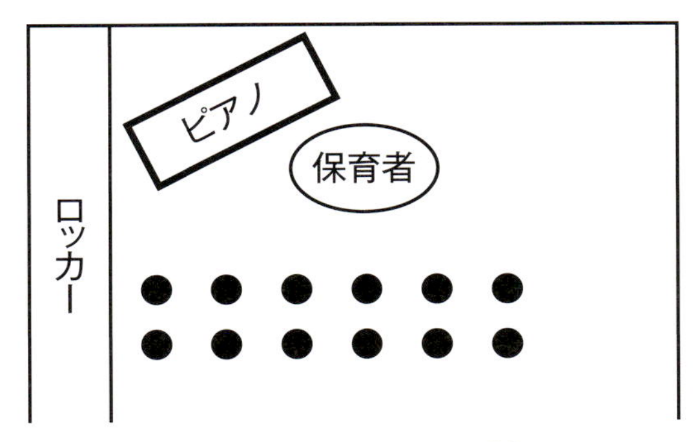

4 保育者の活動・配慮

■日誌のポイント

保育者が、活動においてどのような動きや言葉かけをしているかなどをよく見てください。そして、なぜそうしているのか、ねらいや意味についても考える必要があります。見たものをそのまま書くだけではなく、指導案と比較して、どのような意図でどう活動を行い、どのような配慮をしているかなどを、連動させて考え、記録するように心がけましょう。自分で指導案を作成するときも、同じように考えてください。

●例：「子どもと一緒に踊る」なら、
「子どもに踊り方がわかるように、
大きな振りで一緒に踊る」とする。
「子どもと散歩をする」なら、
「散歩の楽しさが伝わるように、
みんなで手をつないで元気に歩く」とする。

■実習日誌の記入例

10 月　5 日（火）天気 晴れ　担任 ●川●子 先生　実習生名 ▲沢▲▲美

3 歳児　ほし 組　在籍 20 名，出席 17 名，欠席 3 名

1	
保育のねらい	実習のねらいを書き、自分の目標を書きましょう。54ページ参照
実習生の目標	

時間	子どもの活動	環境構成	保育者の活動・配慮	実習生の活動・気づき
8:30	登園する 2 54ページ参照 ○保育士と挨拶をする。 ○連絡帳にシールをはる。 登園、あそび、食事等、おもな活動を大きく書くと見やすくなります。	3 55ページ参照 ○連絡帳を入れる箱とシールを用意。 園庭の図だけでなく、保育士のいる位置も書きこむと配慮すべき点も見えてきます。	○笑顔で元気に挨拶をし、受け入れをする。 4 55ページ参照 どのような配慮をしながら受け入れているかも観察しましょう。	○元気よく挨拶をして受け入れをする。 5 57ページ参照 子どもとどんな会話や関わりを持ちながらすごしたのか、また、その際に気づいたことや感じたことも簡潔に書きとめておきましょう。
9:00	好きなあそびをする ○砂場あそび ○鬼ごっこ ○スベリ台 ○絵の具あそび →ダンボールや画用紙にふでや指・手を使って好きな絵を描く。	園庭の図 ○絵の具・ふで・ダンボール・画用紙を用意する。	○子どもと一緒に鬼ごっこをしたり，スベリ台では危険のないように見守る。 ○子どもと一緒にふでや指先を使って，絵の具で絵を描く。 書くスペースが足りない場合、詳しくは感想・反省・考察の欄に書くようにしましょう。	○子どもと一緒に鬼ごっこをする。 ○子どもと一緒に絵の具あそびをする。 →風で紙の上に絵の具がこぼれてしまったとき，子どもは泣きそうだったが，担当保育者は「こうしたらいいのよ」と言って，紙を持って横にゆらし，それを絵にしていた。その後子どもはその方法に興味を持って自分から紙の上に絵の具をこぼしていた。絵を描くにもいろいろな方法があることを実感し，私もそんなアイデアを身につけていきたいと思う。
10:30	片付けをする ○使った玩具を元の場所に戻す。 ○終わった子どもから保育者のかいた円に集まる。	○子どもが集まる場所に円をかく。	○片付けるように声をかけながら，一緒に片付ける。 どんな声かけをしたら子どもたちが片付けをはじめたかも書きます。 ○子どもを円の所に集める。	○遊び続けている子どもがいたので「また今度続きをしようね」と言って一緒に片付ける。 ○子どもと一緒に円の所に集まる。

時間	子どもの活動	環境構成	保育者の活動・配慮	実習生の活動・気づき
12:00	食事をする ○手洗い・うがいをして，弁当の準備をする。 ○絵本「ぐりとぐら」を見る。 ○挨拶をして食べ始める。	●子ども（座っている） ◎実習生（立っている） ○絵本を読む時は，イスの向きを変えて座るように促す。	○手洗い・うがいをするように声をかける。 ○お茶を配ったり，弁当や箸の位置を整えたりする。 ○楽しく会話をしながら，一緒に食事をする。 子ども一人ひとりの姿（食事中の姿勢・マナー等）に対して、どのような援助や声かけをしているのかも観察しましょう。	○手洗い・うがいをするように声をかける。 ○絵本「ぐりとぐら」の読み聞かせをする。 実際に子どもの前で絵本を読んでみて気づいたこと（良かった点、反省した点）も書いておくと、今後の参考になります。
感想・反省・考察	6 58ページ参照			

★このように部分実習として、活動の合間等に読み聞かせをしたり、手あそびをするように、担当保育者から言われることもあります。すぐに対応できるよう、絵本や手あそび等を用意しておきましょう。

5 実習生の活動・気づき

■「見学・観察実習」日誌のポイント

活動内容や保育者の動きを見て、実習生自身が気づいたことを記入します。この項目では52～53ページにあげた実習のポイントが特に役立つので、参考にしてください。保育活動に参加したり、保育者のお手伝いをしたことがあれば、必ず記録しておきましょう。

■「参加実習」日誌のポイント

保育者の活動や子どもに合わせて、自分がどのように動き、どのような点に気づいたかを書いていきます。「ねらい」に対して自分がどう働きかけ、子どもたちがどう反応を示したか、言葉かけや援助をするにあたって心がけたこと、勉強になった点など、自分が関わった内容と結果について、できるだけ具体的に記入しましょう。

■「部分実習」「全日実習」日誌のポイント

部分実習の日誌では、担当保育者の指導案にそった活動内容と、自分が担当した指導案とその活動内容について日誌を書くことになります。

全日実習の日誌では、自分の作成した指導案を自分で検証するという面もあり、これまでとは視点を変え、保育者として子どもたちを見て気づいたことを記録することも必要とされます。

また、指導案を日誌にはり、そこに書き加えてよい場合もあります。書き写すのは時間がかかりますから、あらかじめ確認をしておきましょう。自分の指導案にそった活動がうまくいかず、大きく予定が変わってしまうことも少なくありません。その場合には、変更した内容、助言や援助の内容、自分の指導案や保育活動のやり方と比べてどう違い、どんな点が勉強になったかを、しっかりと記録してください。

6 感想・反省・考察

●感想は素直に、ポイントをしぼって

感想は、驚いたこと、感動したこと、楽しかったこと、嬉しかったこと、困ったことなど、見て感じたことを、必要なポイントをしぼって記入します。

また、自分がどういう考えをもって子どものようすを観察し、子どもと関わったのか、意識した点があれば書いておくとよいでしょう。

●反省は次につながるように

反省といっても、自分の未熟さを書くだけでは次へつながりません。感想の内容をふまえたうえで、なぜそう感じたのか、どういう動きがよかったのか、いけなかったのか、また、次にはどうすればよいか、どうしていきたいかという予測的なことも考え、整理して記入していきます。

●反省欄での自己評価ポイント

- 指導案と、実際に行った活動との違い
- 子どもの発達段階を把握できていたか
- 主な活動のねらいを達成できたか
- 担当保育者と協力し補助ができたか
- 自分の目標は達成できたか

●考察は深くじっくりと客観的に

考察は「部分実習」「全日実習」の日誌を書く際に重要で、さまざまな場面での感想や反省を振り返り、さらに踏み込んだ内容を書き込みます。自分の指導案について客観的に考え、取り組んでみて気づいたことや、よかった点や問題点など、あらゆる角度から見直してみましょう。

さらに、理論と実際との違いなど、はっきりしないことがあればそのままにせず、きちんと調べてから担当保育者にも助言を求め、結果を記録しておいてください。

反省や考察では、以上のようなことを通して、いかに今後に生かしていきたいか、これからどのような保育をしていきたいかといった展望を記すことがとても大切です。

先輩による「感想・反省・考察」の実例文

感　想

子どもたちが掃除をしている姿を見て、子どもにとっては掃除もあそびのひとつなのだなと感じた。ちりとりは「パックン」と名付けられ、ゴミをわざわざゴミ袋から出してちりとりに入れたりなど、手伝いをしながら楽しんでいるのだなと思った。

ポイント

ちりとりを「パックン」と呼んでいたこと、どういう動作を楽しんでいたのかなどを具体的に書いておきます。

感　想

園庭で遊んでいるときに「これはイチョウの葉だよ」と教えると、同じ形の葉をたくさん集めたり、同じ形なのに色が違うことに気づいたりして、ほんの一言が子どものあそびのきっかけになるのだと感じた。

ポイント

子どもに教えてあげたことがあれば、その内容と、それがどういう展開に結びついたかなどをしっかり記入。

反省

一度に数名の子どもたちに声をかけられたとき、「ちょっと待っていて」の言葉が多くなってしまい、待ち切れず違うあそびに行ってしまった子どももいて、その場で応えられなかった。

子どもたちの気持ちがそのままにならないように、後からでも「遅くなってごめんね」と声をかければよかったと思う。

これからは、保育者の関わり方を観察し、どのようにして子どもたちの気持ちを受けとめたらよいかを学んでいきたい。

ポイント

反省は、発言や動作など、何がいけないと思ったのかを具体的に。それについて、今後はどうすべきかもきちんと整理しておきます。

考察

フルーツの絵を描いているとき、一人ずつの絵を見て個性の豊かさを感じた。自分の好きなフルーツをひとつ大きく描く子、小さいフルーツをたくさん描く子、フルーツを描いた後でまわりに背景を描く子などがいて、色の塗り方もさまざまだった。

子どもたち一人ひとりが一生懸命に自分のイメージを表現しようとする姿勢が感じられた。個々の子どもの表現の仕方を大切に、個性がさらに伸びるような声かけをしていきたいと思う。

ポイント

活動内容についてや、気づいた点などを具体的に書き、今後に生かせる点や、展開、目標なども書いておきます。

「まとめ」の書き方

「まとめ」は、実習日誌の項目ではなく、実習終了の直前または直後に記す作文形式のもので、実習期間の終りをしめくくる作業。実習での体験を整理し、実習後の学習につなげていくのが主な目的です。

実習の各段階において経験したすべての課程と内容について、その意義と、そこから何を学んだのか、自分の立てた目標は達成できたか、そして今後にどう生かしていくのかを改めて考え直し、整理してまとめます。単なる感想ではなく、保育者として現実的な視点で、今後の課題も含めてできるだけ具体的に記しましょう。

保育者とは、子どもの身体を育み、心の成長を助ける役割を持つ、難しいけれどやりがいのある職業です。このことを改めて認識し、保育者を目指すうえで実習がどれほど重要なものか、そして実習で目的意識を持つことの大切さなどを念頭に置いて、じっくりとまとめを書いてください。また、実習園と先生方への感謝の気持ちや、どんなアドバイスがどのように参考になったかなども、必ず記しておきましょう。

コピーして練習用として使って下さい。

月　　日(　　)天気　　担任　　実習生名

歳児　　組　　在籍　　名，出席　　名，欠席　　名

保育のねらい	
実習生の目標	

時　間	子どもの活動	環境構成	保育者の活動・配慮	実習生の活動・気づき

感想・反省・考察

第4章 基本編 指導案の考え方

1 指導案作成のポイント ……… 62
2 「部分実習」指導案のポイント ……… 63
3 「全日実習」は学習と経験の集大成 ……… 66
● 練習用指導案用紙（全日実習） ……… 68

1 指導案作成のポイント

指導案は、保育者が子どもと関わっていくために必要な考え方や指導事項を具体的にまとめたもので、子どもの『年齢ごとの発達』を基本に、それに適した保育活動を設定して作成される生活プランです。保育園では「全体的な計画」、幼稚園では「教育課程」に基づいて立てられます。実習生は、「部分実習」「全日実習」を行うにあたって、指導案を作成することになります。

1 まずは園の方針や計画内容を確認する

指導案（指導計画ともいう）には年・期・月間の長期計画と、週・日の短期計画とがあります。指導案を作成する際には、園の方針や指導案とずれてしまわないよう、実習に取り組む「1日」が、園の指導案の中でどういう時期にあり、何が行われるべきなのかを知らなければいけません。まず指導担当者に相談して、内容を確認させていただきましょう。

［全体的な計画］

全体的な計画とは、厚生労働省の「保育所保育指針」ならびに児童憲章などの内容を踏まえ、各保育所の方針や目標に基づき、子どもの心身の発達や家庭および地域の実体に即して編成するもの。職員は全体的な計画の共通認識のもとに「指導計画」を展開する。

■保育所保育指針（概要）■

第1章　総則：①保育所保育に関する基本原則、②養護に関する基本的事項、③保育の計画及び評価、④幼児教育を行う施設として共有すべき事項を示す。

第2章　保育の内容：①乳児保育に関わるねらい及び内容、②1歳以上3歳未満児の保育に関わるねらい及び内容、③3歳以上児の保育に関わるねらい及び内容、④保育の実施に関して留意すべき事項を示す。

第3章　健康及び安全：①子どもの健康支援、②食育の推進、③環境及び衛生管理並びに安全管理、④災害への備えを示す。

第4章　子育て支援：①保育所における子育て支援に関する基本的事項、②保育所を利用している保護者に対する子育て支援、③地域の保護者等に対する子育て支援を示す。

第5章　職員の資質向上：①職員の資質向上に関する基本的事項、②施設長の責務、③職員の研修等、④研修の実施体制等を示す。

2 指導案を立てるには

指導案を立てるときには、左に述べたように園の指導案と照らし合わせ、具体的な見通しを持って計画することが必要です。さらに、自分が見学・観察実習や参加実習で得た経験を生かし、これまでの日々の流れに合わせながら、活動内容、必要な用具や環境構成、声かけや子どもとの接し方など細かい内容を具体的に展開させて計画していきます。

［教育課程］

教育課程とは、文部科学省の『幼稚園教育要領』を基本とし、3歳児から5歳児まで3年間の発達を見通し、心身の全面的な発達を助けることを目的として、就学前までに到達させたい課題を記したもの。

■幼稚園教育要領（概要）■

第1章　総則：①幼稚園教育の基本、②幼稚園教育において育みたい資質・能力及び「幼児期の終わりまでに育ってほしい姿」、③教育課程の役割と編成等、④指導計画の作成と幼児理解に基づいた評価、⑤特別な配慮を必要とする幼児への指導、⑥幼稚園運営上の留意事項、⑦教育課程に係る教育時間終了後等に行う教育活動などを示す。

第2章　ねらい及び内容：幼稚園教育において育みたい資質・能力を幼児の生活する姿から捉えた5領域（「健康」、「人間関係」、「環境」、「言葉」、「表現」）について、ねらいと内容を示す。

第3章　教育課程に係る教育時間の終了後等に行う教育活動などの留意事項を示す。

2 「部分実習」指導案のポイント

部分実習では、1日の保育の一部を担当することで、保育者として子どもたちを指導（保育活動の指導、幼児への理解、集団の子どもへの援助、環境構成の準備等）することを学びます。同じ1日の中で、前後の活動とのつながりがとぎれないよう、指導担当者に相談をしてねらいや意図を理解し、指導の流れをつかむことがポイントです。実習初期・中期・後期と、各段階のポイントをチェックしてみましょう。65ページのように、指導案には「■ねらい　■子どもの活動　■環境構成　■保育者の活動・援助・留意点」という項目があります。以下の部分実習の各段階ごとの内容を、記入例と比較し、それぞれのポイントはどこなのかを考えてみましょう。実習生はまだ一人前の保育者ではありませんから、子どもと一緒に作っていくつもりで、柔軟性をもって考えを展開し、計画を立てることが大切です。

1 初期／身近な手本を参考に

初期には、実習生が取り組みやすい次のような活動を中心とした実習が考えられます。事前に十分に練習して準備をすれば、自信をもってできるでしょう。

A ［毎日繰り返される活動］

- 出席をとる
- 生活習慣（連絡帳を配る、着替え、歯磨き、排泄他）……等の指導。

B ［短時間で行える活動］

- 手あそび
- 音楽の弾き歌い
- ゲーム……等の指導。

C ［教材が決まっている活動］

- 絵本の読み聞かせや紙芝居
- エプロンシアター、パネルシアター、ペープサート（紙人形）……等の指導。

※Aは指導担当者が毎日行っているので、身近でお手本を観察することができ、取り組みやすい実習です。B、Cは子どもが興味を持ちやすい内容を把握し、しっかりと練習しておけば、子どもたちも積極的に参加してくれます。また、1か所に集まって行うので、全員に目が届きやすい内容だといえます。

2 中期／自分なりの計画を立てる

中期になると、実習生が自分なりの計画を立てて、次のような実習を行うことになります。

実習中期の活動計画

［朝の活動］
- お迎え／挨拶
- 当番の紹介
- 朝の歌
- 本日の活動予定
- 出席をとる…………等

［主な活動］
- ゲーム（フルーツバスケットなど）
- 製作（絵、造形など）………等

［昼食時の活動］
- 手洗いとうがい
- 食事の準備
- 食前／食後の挨拶……………等

［園全体の集会・誕生日会の一部］
- 手あそび
- 人形劇、劇、手品、得意な楽器の演奏………等

［降園時の活動］
- 降園の準備
- 絵本の読み聞かせや紙芝居
- 連絡帳の返却
- 本日のまとめと明日の予告
- 帰りの歌
- 挨拶／見送り ………………等

3 後期／幅広い活動を行う

後期には、「自由保育（子どもの好きなあそびを行う）」や「設定保育（クラス全員で計画的に行う）」活動の実践も行います。これまでよりも幅広い視野を持って臨むことが期待されます。

子どもの好きなあそびを行う『自由保育』活動での実習

子どもたちが自由に、それぞれ自分の好きなあそびを行う時間です。しかし、同じ時間内にいろいろなあそびが並行して行われる場合、活動を指導・援助するのはとても難しくなります。ふだんから保育者の指導の仕方、子どもの興味やあそびへの取り組み方、活動の流れなどを把握するように努め、指導担当者と共通の理解を持って実習に臨まなければいけません。また、実習にあたっては、下のような点に注意し、気を配りましょう。

実習での注意点

- 実習の前から子どもの活動をよく観察しておき、それまでの流れを中断しないようにします。
- トラブルについても同じく観察しておき、実際に起こったときには必要に応じて援助します。
- 子どもが活動しやすい環境作りを心がけましょう。
- あそびが行き詰まったり、停滞したときの対応（他のあそびを教える）などを考えておきましょう。

クラス全員で行う『設定保育』活動での実習

園の指針にそって保育者が立てた計画を用い、子どもたちが全員で同じ活動を行う時間です。クラス全員の活動内容が同じで、指導の方向が決まっているため、実習にあたっては自由保育よりやりやすいでしょう。内容的には、絵や工作等の製作、ダンス（リトミック）、簡単な楽器演奏などの活動が考えられます。実習では、下のような点に配慮しましょう。

実習のポイント

- 実習生の考えた活動を「させる」のではなく、子どもが「楽しんで」行う活動になるよう心がけ、ねらいが達成できるように工夫をしましょう。
- 子どもたちが興味を持って取り組めるように、説明や導入の仕方をしっかりと考えましょう。

部分実習・指導案

実際に先輩が作った指導案です。指導案作成の参考にしてください。

ゲームは、子どもたちの年齢・状況に合わせて、ルールや内容・時間を考えましょう。ここでは２つのゲームを行っていますが、１つでもよいでしょう。

また、子どもたちが飽きてしまったり、ゲームが盛り上がらないなど、計画通りに進まないときにはどうしたらよいかも考えて、あらかじめ案を練ってみてください。

■部分実習／指導案記入例

○ 月　○ 日(　○　)　4 歳児　ぞう 組			
内容	ゲームあそび ①「フルーツバスケット」 ②「●●●●●」	ねらい	・友だちと体を動かして遊ぶことを楽しむ。 ・ルールを守って遊ぶことを学ぶ。

時 間	子どもの活動	環 境 構 成	保育者の活動・援助・留意点
10:20	○イスに座る。 ○絵本「くだものだもの」を見る。	イス	○イスに座るように声をかけ，保育者も円に加わってイスに座る。 ○フルーツに興味が持てるように絵本を読み，その後どんなフルーツがでてきたか聞いてみる。 ○子どもたちに好きなフルーツの絵を選ばせて，一人ひとりの首にかける。
10:30	ゲーム① 「フルーツバスケット」 ○フルーツのカードを選び，首からかける。 ○説明やルールを聞く。	○イスはぶつからないように，少しゆとりをもって並べる。 ○フルーツカードを用意。（首からかけられるようにする） ○楽しい雰囲気になるよう盛り上げながらも，説明はしっかり聞けるようにする。	○自分のフルーツがわかるように一人ひとりに確認し，その後一つひとつのグループを例にだしながらルールを説明する。
	○説明を聞きながら練習してみる。 ○ゲームを楽しむ。 ○イスを片付ける。		○はじめのうちは保育者が鬼をやり，移動できるようになったら，子どもが鬼になるようにする。 ○最後の１回の時に，これで終わりになることを伝える。
11:00	ゲーム② 「●●●●●●●●」をする。		
11:25	○片付ける。		○ゲーム終了を伝え，次の活動についての話をする。

実際にどのような言葉や方法で説明するのか、書いてみたり、練習してみましょう。
（例）「ぶどうグループは○○ちゃんと○○くんですね。
鬼が『ぶどう』と言ったら、今座っているイスとは違うイスに座るんですよ」

あそびを決めて、上記の「フルーツバスケット」を参考にしながら、どのような環境構成、保育者の活動・援助・留意点が必要かを自分で考え、記入してみましょう。

「全日実習」は学習と経験の集大成

1 全日実習とは?

部分実習に比べてより多くのことを要求されるのが「全日実習」です。保育者として1日を通した指導案を作り、実際に子どもたちの保育を担当します。これまで学んできた理論や、経験してきた「見学・観察実習」「参加実習」「部分実習」で得たことがきちんと生かされているかが試されるので、まさに集大成の実習だといえます。

保育園の場合には、0歳から6歳と子どもの年齢の幅が広く、1日の保育時間も長いので、全日実習といっても、一定の時間を決めて実習が行われる場合が多いでしょう。

2 全日実習のねらいは?

全日実習は責任実習とも言いますが、その名が示すように、実習生がはじめて自分の責任において、1日を通じて子どもたちを援助し指導する機会となります。保育園では「全体的な計画」、幼稚園では「教育課程」に基づいて子どもの年齢別発達の特徴をふまえ、園の指導案にそって計画することが大切です。また、実習当日だけがよければいいというものではなく、それまでの子どもの姿を把握し、翌日の活動にもきちんとつなげられるような、現実的な計画性も求められます。

3 全日実習指導案のポイントは?

上記のようなことをふまえつつ、指導案を立てるにあたって、いくつかのポイントをおさえておきましょう。

事前にすべきことはできるだけ書き出しておき、準備不足のないようにします。また、トラブルがあっても慌てず対処できるよう、「こんなことがあったらどうすればよいのか？」についてもいろいろと考え、具体的なプランを練っておきましょう。

- 担当する子どもの年齢が決まり次第、「保育計画」などで子どもの発達と特徴などを再確認する。
- 活動内容は、前日までの流れを考えて選び、屋外活動の場合は雨天でできなくなることなども想定して、変更プランを用意するなど、柔軟な計画を立てる。
- 活動の時間、環境構成、必要な準備などはできるだけ具体的に、細かい内容まで考える。
- 保育者の援助事項や留意点、導入や言葉かけの仕方なども、きちんとまとめて記入する。
- 見直しをし、指導担当者に意見を求める。

全日実習・指導案

先輩の作った指導案です。どこがポイントか、よく読んでみましょう。

活動の一部を担当する部分実習とは異なり、全日実習では、登園から降園までを担当します。指導案の重要なポイントとしては、「前日までの姿」に記す内容をもとにし「明日につながる」ような流れを作ることです。前日とのつながりがないと明日の活動にもつながらなくなり、流れが途切れてしまいますので注意してください。また、1日の中でもスムーズな流れができるようにしましょう。

■全日実習／指導案記入例

○月 ○日（ ○ ） ○歳児 ○組	
前日までの姿	ねらい・内容 ・友だちと体を動かして遊んだり，ルールのあるゲームを楽しむ。 ・身近な物を使った製作や絵で，作ることを楽しむ。

全日実習をするクラスの子どものあそび、生活での姿を記入しましょう。ここでの姿を元に、どのような1日をすごしたらよいか考え、立案しましょう。

時　間	子どもの活動	環 境 構 成	保育者の活動 援助・留意点
8:30 〜 9:00	登園する ○連絡帳にシールをはる。 ○持ち物の仕度をする。	○連絡帳を入れる箱とシールを用意。 ［園庭及び保育室の配置図］	○子ども一人ひとりに声をかけ，挨拶をする。 ○持ち物のしたくができたか声をかけ，確認する。
	好きなあそびをする ○鬼ごっこ　○リレー ○探検ごっこ　○砂あそび ○ままごと　○製作 ○絵を描く　等	○製作に必要なものを取りだせるように用意。	○子どもと一緒に遊んだり，あそびが見つけられない子どもには声をかけ，あそびに誘う。
10:00	片付けをする		
10:20	ゲーム遊びをする		

全日実習では、クラス全体に目を配ることが大切です。担当保育者がふだんどのような活動援助をしているのか、よく観察しておき参考にしましょう。

書き方は65ページ「部分実習」指導案を参考にしましょう。

時　間	子どもの活動	環 境 構 成	保育者の活動 援助・留意点
15:30	降園準備をする ○タオルをしまう。 ○連絡帳を当番から受け取り，しまう。 ○絵本「▲▲▲▲」を見る。 ○うた「●●●●」を歌う。 ○「さようなら」の挨拶をする。	［ピアノ　当番の子ども　保育者］ ○イスに座り，落ちついた雰囲気の中で話が聞けるようにしていく。	○タオルをしまうように声をかける。 ○連絡帳は，名前を読んだ後，当番に渡し，子どもに渡してもらう。 ○今日1日を振り返り，明日の登園が楽しみになるような話をする。
16:00 〜 17:00	好きなあそびをする ○ブロック　○絵を描く ○パズル　等 降園する		

全日実習を行うのはその日だけかもしれませんが、子どもたちにとっては連続した毎日の中の1日です。次の日に期待が持てるような配慮を心がけましょう。

コピーして練習用として使って下さい。

<table>
<tr><td colspan="3">月　　日(　　)　　　歳児　　　組</td><td></td></tr>
<tr><td>前日までの姿</td><td colspan="2"></td><td>ねらい・内容</td></tr>
<tr><td>時　間</td><td>子どもの活動</td><td>環 境 構 成</td><td>保育者の活動・援助・留意点</td></tr>
<tr><td></td><td></td><td></td><td></td></tr>
</table>

第5章 実践編 子どもの発達とあそび

1 6か月未満児のあそび …… 70
2 6か月から1歳児のあそび …… 71
3 1歳から2歳児のあそび …… 72
4 2歳児のあそび …… 73
5 3歳児のあそび …… 74
6 4歳児のあそび …… 75
7 5歳児のあそび …… 76
8 6歳児のあそび …… 77
9 異年齢児のあそび …… 78
10 子どもと歌おう「あそびうた」 …… 80
11 パネルシアターを作ろう …… 95
12 楽しい造形あそび！ …… 103
13 造形あそびの技法を確認しよう …… 104
14 作って遊ぼう！ …… 108
15 自然を使った造形あそび …… 112

1 6か月未満児のあそび

体の発育とともに、視覚や聴覚など感覚器官が発達する時期です。泣いたり笑ったり、声を出すようになりますが、授乳やおむつ等が必要であり、助けなしに欲求を満たすことはできません。子どものサインをしっかり受けとめ、愛情のこもったスキンシップをしてあげましょう。

1 子どもに優しく触れる

ベッドに寝かせて、子どもと向き合います。脇の下やおなかなどを優しくさすったり、手のひらや腕・足・顔等に軽く息を吹きかけてあげます。

また、屈伸など手足や関節を動かしたり、腹ばいになる等もあそびにつながります。

おなかを
さすったり
息を吹きかけて

2 喃語(なんご)のやりとりで遊ぶ

優しい声で
話しかけて

子どもが笑ったり、泣いたりしたときには声をかけて応じてあげましょう。「ア・エ・ウ」の母音を用い「アーアー」「ブーブー」など子どもの喃語に合わせて話しかけたり、優しく歌いかけたりします。

3 感覚あそびで楽しむ

ガラガラや小ダイコなど、音の出るおもちゃを振って見せたり、持たせてあげると喜びます。また楽しい動きをする物にも興味を示します。玩具の色や音質、素材や感触等、発達に合わせて選びましょう。

子どもは楽しい
動きが大好き

発達を促すあそびの例

- **音を楽しむ**→紙を破る音や楽器の音などを聞かせる。
- **体を動かす**→いろいろな音楽に合わせて、保育者が乳児の目を見ながら、体を左右にゆらしてあげる。
- **指あそび**→軽快でリズミカルな曲に合わせて、保育者が乳児にしてみせる。
- **赤ちゃん体操**→わらべうたや身近な曲に合わせて、保育者が乳児の手足を動かしたりなでたりする。

2 6か月から1歳児のあそび

月齢による子どもの発達の差が非常に大きく、6か月の子どもはまだ座ったりハイハイできる程度ですが、1歳を過ぎると発達の早い子なら一人で立って歩くこともできるようになります。「聴く」、「見る」、「触れる」ことを楽しみ、身近なものに対する興味や関心が次々に芽生え、さまざまな一人あそびも盛んになります。母体から授かった免疫力が低下してくるので、感染症に注意します。おむつをまめに取り替え、清潔であることの心地よさを教えてあげましょう。

1 音楽と歌のあるあそび

この時期には、歌や音楽を聴く機会を豊富につくってあげます。あそびや昼寝のときなど、出来事に合わせていろいろな歌を歌ったり、音楽を流して子どもの感性を育てましょう。表情豊かに体を揺すったりすることも楽しみます。子どもが眠くなったときは、おんぶしておしりをトントンと優しくたたきながら歌ってあげましょう。

おんぶしておしりをトントン

2 探索あそびが大好き

這って、歩いて、探索あそびが大好き

歩けるようになると、周囲への関心が高まり、身近な人や興味あるものに自分から近づこうとします。屋外にも関心を持ち、手押し車を押して遊ぶのを楽しみます。

3 いろいろ見るのも楽しい

色のきれいな絵や、映像、おもちゃなどへの関心はさらに高まり、一人でも絵本を見て楽しく遊ぶようになります。

絵本を見て楽しむ

発達を促すあそびの例

- **体を動かす**→保育者がリズミカルな音楽に合わせて指あそびをしたり、踊ってみせる。
- **手指を動かす**→ガラガラやおしゃぶり等を握ったり眺めたり、振って音や色を楽しむ。
- **絵本**→すわって絵本の絵を楽しむ。
- **立つ・歩く**→1歳前後には、手押し車を押したり、お気に入りのぬいぐるみなどを持って歩く。

1歳から2歳児のあそび

好奇心が旺盛になり、人への関心も高まるころです。保育者と一緒になっていろいろなあそびをおぼえるうちに、友達への関心も芽生えてきます。自発的に何かをやろうとする大切な時期なので、さりげなく補助して、達成感を味わわせてあげましょう。しっかりと歩けるようになるので、動き回ることを楽しみます。ただし、それだけに事故、感染症等の危険に遭う可能性も高くなるので、十分な注意が必要です。

1 動きがあそびになる

歩けるようになるだけでなく、登る、降りる、跳ぶ、くぐる、押す、引っぱる、転がすなどの動作や運動ができるようになり、生活空間が広がります。すべり台や輪くぐりなど、保育者が援助をしながら、このような動きを取り入れて遊びましょう。

登ったり
くぐったりも
自由にできる

2 絵本との出会いを楽しもう

簡単な言葉をおぼえはじめる時期です。保育者が一緒に適切な絵本を見ながらものの名前等を言ってあげると、喜んでまねをし繰り返して遊びます。

保育者のまねで
言葉をおぼえる

3 ダンボール箱のあそび

動作の増えるこの時期には、中に入ったり、トンネルにしたり、ロープをつけて引っぱったりなど、ダンボール箱が万能おもちゃに。角の部分はすべてクラフトテープをはって、ケガをしないようにします。

ダンボールが
おもちゃに

発達を促すあそびの例

- **音楽を楽しむ**→保育者と一緒に歌ったり、歌に合わせて体を動かしたり、手･指あそびを楽しむ。
- **手指を使う**→ひも通し、ボタンかけ、ボールころがし。小さなブロックなどをつかんでかごに入れる。
- **屋外に出る**→砂・土・草・芝生等の上を歩いて感触を楽しむ。また、カップ、小さなバケツ、シャベル、ジョウロなどを使って遊ぶ。
- **みたてあそび**→積み木やブロックを乗り物にみたてて、保育室の壁や床の上を走らせる。

4 2歳児のあそび

全身を使う運動が楽しい時期で、同時に手・指の操作性が高まります。音楽に合わせて体を動かしたり、手指を使って遊ばせてあげましょう。仕掛け絵本や紙芝居では、繰り返しのある言葉や展開を喜び、簡単な「ごっこ」あそびを楽しみます。走ったり跳んだり、体の動きは活発になります。体の抵抗力もついてきますが、まだまだ感染症等への注意は必要です。

1 小麦粉粘土を作って遊ぼう

手指を使うあそびは積極的にさせてあげましょう。まずは粉の状態のままで感触を楽しみます。次に水を加えてこねて粘土を作り、好きなものを作りましょう。また食紅を使って色をつけても楽しめます。もともと食べ物ですから少々口に入れても大丈夫です。

手や指を使う
感触が楽しい

2 音楽に合わせて体を動かす

音楽が流れているだけで、子どもは体を揺らしたりステップするなど、自然と動きます。振りつけを強制しないで、即興的で自由な動きを一緒に楽しみましょう。

リズムにのって
体を動かす

3 絵本や紙芝居を楽しむ

繰り返しのあるお話、仕掛けのある絵本、紙芝居やペープサート、パネルシアターなどで、保育者も一緒に楽しみましょう。95ページで創作パネルシアターを紹介していますので、参考にしてください。

仕掛け絵本や
紙芝居が
大好き

発達を促すあそびの例

- **ごっこあそび**→くまのぬいぐるみを寝かせ「クマさんお熱があるの…」などと遊ぶ。
- **自然に親しむ**→松ぼっくり、どんぐり、葉っぱなど、色・形・大きさの異なるものに触れる。散歩で植物に触れる。生き物(小動物や金魚)に親しむ。
- **遊具で遊ぶ**→すべり台、ブランコ、三輪車等の遊具を使い、体を動かすことを楽しむ。
- **言葉を豊かにする**→絵本、紙芝居、映像等を楽しむ。
- **指先の働きを助ける**→クレヨン、色鉛筆、サインペン等で絵を描く。紙をちぎったり、はったり、丸めるなどして楽しむ。ブロックや積み木で遊ぶ。

5 3歳児のあそび

グループでの「ごっこ」あそびや、保育者の手伝いを通じて、物事にいろいろな「きまり」があることを知ります。同時に「なぜ？　どうして？」という疑問を抱き、「こうしたらこうなるかな？」というように結果を予想できるようになる時期です。基礎的な運動能力が育ち、食事や排泄も自分でできるようになります。休息をきちんととらせ、異常があれば適切に対応し、自分でやったという満足感を与えることが重要でしょう。

1 役割のあるあそびをしよう

「ごっこ」あそびを数人のグループでやれるようになり、電車ごっこなら運転士、車掌、お客というように、役割を特定したあそびを、交代しながらすることができます。他にもお店屋さんごっこ等も喜びます。

きまりのあるあそびもできる

2 後片付けもゲーム感覚で

誰が早い？お片付けをゲームに

遊んだ後の片付けは、保育者の工夫次第で子どもがスムーズにやるようになります。早さを競う『スピード片付け』や、種類で分ける『種類別片付け』などゲーム化するのもよいでしょう。

3 聞いて触って中身当てゲーム

「予想」も楽しいあそびです。箱の中に音の出るものを入れて、何が入っているのかを当てさせます。また、穴をあけた箱や紙袋に手ざわりの違うものを入れ、触った感触で何かを当てるゲームにしても楽しめます。

何が入っているかわかるかな？

発達を促すあそびの例

- **ごっこあそび**→お店やさんごっこ、電車ごっこ、幼稚園・保育園ごっこ等、役割のあるあそび。
- **音楽を楽しむ**→楽器あそび、リズムあそび等。
- **外あそび**→ジャングルジム、鉄棒、補助つき自転車等の遊具や用具で遊ぶ。
- **ルールのあるあそび**→きまりがひとつしかないもの（椅子取りゲーム、鬼ごっこ等）で遊ぶ。
- **身近な素材に親しむ**→新聞紙、折り紙、空き箱、粘土等身近な物をはさみで切ったり、のりではったり色を塗るなどする。

6 4歳児のあそび

自分の思ったことや体験を言葉で表現できるようになる時期ですので、本や会話を通して言葉の世界を広げてあげましょう。歌や楽器を用いた音楽的な表現や、想像したことを自由に描いたり、物を作るといったあそびを楽しみ、自然や生き物にも興味を持ちます。また、周囲に目を向け、友達と一緒に行動することの楽しさを感じるなど、心の成長も著しいころです。体のバランス能力が発達し、異なる２つの動きを同時にできるようになります。自意識や自我が芽生え、優しさや恐れなどの感情も芽生えるので、子どもの感受性を大切にしましょう。

1 身近な園庭で自然に親しむ

園庭の落ち葉を１枚拾って見せ、同じ色や形、同じ大きさ等を子どもと一緒に探して遊びましょう。

同じ葉っぱを見つけよう

2 朝のスピーチはアナウンサーごっこ

アナウンサーのように楽しくお話を

木やダンボールで作ったテレビの枠の中で、アナウンサーのように話すと喜びます。インタビュー風に言葉かけをして、子どもたちと会話を楽しみましょう。

3 自由な表現を楽しもう

子どもの想像を、自由に絵や色で表現させましょう。また、割り箸、トイレットペーパーの芯、空き箱などを用意し、のりや粘着テープを使って、おもちゃなどの工作を楽しみます。

身近な物でアイデアおもちゃを

発達を促すあそびの例

- **みたてあそび**→砂場を海にみたてるなど、創造力を使ったあそびを楽しむ。
- **集団あそび**→鬼ごっこ、わらべうたあそび等。
- **リズムあそび**→友達と一緒に歌ったり踊ったりする。
- **さまざまな素材で遊ぶ**→紙粘土の工作、壁面製作など。
- **文字や言葉への関心**→絵本、紙芝居、カルタ、しりとりあそび等で楽しむ。
- **数、量、形への関心**→おはじき、パズル等。
- **動植物に親しむ**→動植物の世話をすることを楽しむ。
- **異年齢児とのあそび**→年上・年下の子どもと遊ぶ。

7 5歳児のあそび

日常の基本的なことはほとんど自分でできるようになり、自分の思いを伝えるなどの表現力も身についてきます。運動機能が高まり、内面的な成長も著しい時期です。グループで遊んだり、友達と一緒に同じイメージを持ってあそびを楽しみます。保育者の指示的な援助はあまり必要としません。積極的に外で遊んだり、あそび自体が活動的になります。自主性が育つ時期なので、きまりの大切さを理解し、自分から安全を守り、危険を避けることができる力を育てるようにしてあげましょう。

1 お気に入りのお話ごっこをしよう

「ごっこ」あそびの世界も進歩し、友達と一緒に役を分担して楽しむことができます。好きなお話の登場人物に変身する「お話ごっこ」で遊びましょう。小道具や衣装を包装紙等で作ったり、お話の世界を自由に演出させて楽しみます。

お話のイメージを自分で表現できるかな？

2 ジェスチャーゲームで遊ぼう

「動物」など、テーマを決めて自分の体で表現させるあそびです。身振り手振りだけではなく、鳴き声や小道具、服装などで表現してもよいというように、制約をゆるやかにしましょう。

これなんだ？何て鳴くのか知ってる？

3 かわいい招待状を作ろう

これまでより実用的な工作あそびとして、卒園児に運動会や生活発表会等への招待状を作ります。折り紙や絵などで飾りつけ、楽しい雰囲気に。

楽しい手作り招待状を

発達を促すあそびの例

- **音楽を楽しむ**→さまざまなテンポの曲に合わせ、友達と一緒に踊ったり、歌ったり、楽器を鳴らす。
- **ごっこあそび**→役割を分担して、その役になりきって遊ぶ（お父さん・お母さん役、先生役等）。
- **自然に親しむ**→身近な自然の素材を使って遊ぶ（どんぐりのコマ、押し花、木の葉の舟等）。
- **手先を使う**→手紙書き、絵本作り、うつし絵等。
- **ルールのあるあそび**→サッカー、かくれんぼ等。
- **異年齢児とのあそび**→年下の子どもと遊ぶ。ゲームのリーダーになったり、絵本を読んであげる。

8 6歳児のあそび

心身ともに力に満ち、あれこれやりたいという欲求が大きくなります。年長であるという自覚が生まれ、小さい子の面倒をみたり、友達同士の間でもリーダー役の子が出たりします。自分の役割を守る、といった活動もこなせるようになります。身体的には、細かい手指の動きが非常に発達し、知的な面でも記号や文字に興味を持ち、知識欲も旺盛になってきます。抵抗力もつき、身体的には丈夫になりますが、集団の中で争いも増え、自我と社会性の矛盾を感じます。子どもの心をくみとる配慮が大切です。

1 おもしろしりとり&すごろくゲーム

大きな紙に四角を13個と、それをつなぐ線路を描きます。スタートの四角の中に、グループごとに言葉を書きます。順番にサイコロを振って、サイコロの目の数だけ進み、到着した四角に、次の言葉をしりとりで書きます。四角に入る言葉が思いつかなかったら1回休み。先にゴールしたグループが勝ちとなります。

2 体なぞなぞわかるかな?

子どもの体くらいの大きさの絵を厚紙等で作り、なぞなぞを出します。目鼻や腹の中は各部が取り外せるなど工夫すると、より詳しいクイズが出題できます。

[出題例]

❶目にまつ毛があるのはなーぜだ?
- めがねをかけるため
- ごみが入らないようにするため
- パチパチまばたきするため

❷おなかの中に入っているのはなーんだ?
- 胃とか心臓が入っている
- 機械が入っている
- 何も入っていない

3 まつぼっくりのクリスマスツリー作り

[作り方]

❶まつぼっくりをよく洗い、天日干しにします。

❷洗面器に緑色の絵の具を溶かし、その中にまつぼっくりを浸し、色つけし乾かします。

❸色つきのビーズをかさの先端に、適宜接着します。

❹紙粘土で土台と雪を作って完成させます。

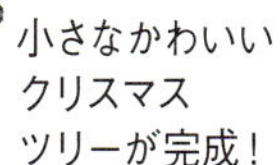

小さなかわいいクリスマスツリーが完成!

発達を促すあそびの例

- **文字あそび**→平仮名で文字を書く、カルタあそび。
- **身近な素材で遊具作り**→空き箱、空き缶、トイレットペーパーやラップフィルムの芯、牛乳パックなどを使って創造性の高い工作を楽しむ。
- **友達との室内あそび**→すごろく、人形等を使ったり各種のごっこあそび、ルールのあるゲーム等。
- **集団での屋外あそび**→サッカー、ドッジボール、鬼ごっこ等のルールのある集団での運動あそび。

9 異年齢児のあそび

年齢の異なる子どもたちがいる組やグループの保育を行う場合、保育者は子ども一人ひとりの生活内容や経験などを、きちんと把握しておかなければいけません。あそびも、それぞれが楽しめる多様なものを用意する必要があります。

1 いろいろアートで共同製作

保育室に、いろいろな道具を用意したアートコーナー（染め絵、マーブリング、ブラシ絵、フィンガーペインティング等）を設けて、グループでやりたいものに取り組ませます。年長児が小さな子どもの面倒をみながら、共同で作品を作ることができます。技法や道具等は、103ページ以降に解説がありますので参照してください。

みんなで協力しながら描いてみる

2 ジャンケン進化ゲームをしよう

①はじめは全員でアリになって、しゃがんで歩きます。②相手を見つけて合図でジャンケンをし、勝ったらアヒルに進化し、負けたらアリのままで歩き、違う子とジャンケンします。③これを繰り返して天使になったらあがりです。ジャンケンは同じ生き物同士でなければできないルールにします。他にも違う動物にアレンジできます。

■進化の順番と歩き方の例

①アリ→しゃがんで歩く
②アヒル→しゃがんで両手をおしりにつけて
後ろ手を尻尾にしながら歩く
③馬→ハイハイで歩く
④人間→普通に歩く
⑤天使→あがり
両手を羽根のようにしてスキップ

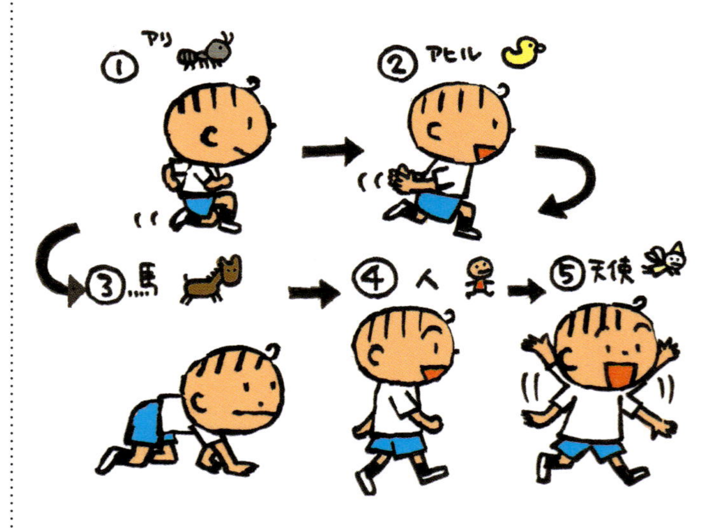

動きが楽しい進化ゲーム

3 音楽で遊ぶストップゲーム

ラジカセを使うか、ピアノを弾きながら行います。子どもたちには輪になって、音楽に合わせて自由に踊ったり、歩いたり走ったりしてもらいます。突然音楽を止め、同時にピタリとストップさせます。勝ち負けは決めず、動きと反応を楽しむゲームです。

ストップゲームはガマンが大切

4 ながながジャンケン列車

2人から数人ずつの数グループに分かれ、前の人の肩に両手を置いて列車を作ります。先頭の人が合図でジャンケンをして、負けたグループは勝ったグループの後ろにつながっていき、長さを競うゲームです。

どこまで長くなるかな?

5 人間キャタピラリレーで競走だ

子どもが入れる大きさの、ダンボール箱の上下のフタになる部分を切り取り筒の状態にし、キャタピラ状に折り目をつけます。子どもがここに四つんばいになって入り、そのまま動いて速さを競うゲームです。

ごろごろゆかいなリレー競走

6 変身にょろにょろゲーム

ゲームに使うスペースは、あらかじめきちんと安全性を確認しておきましょう。ヘビ（2～3人）と人間（たくさん）で行う鬼ごっこゲームです。

ヘビは腕を使って前進したり、ころがったりしながら人間を追いかけます。人間はつかまらないように逃げます。ヘビにタッチされた人間はヘビに変身し、他の人間を追いかけます。全員がヘビになるまで続けたり、残った1人が優勝するなどルールを工夫しましょう。

にょろにょろ鬼ごっこ

子どもと歌おう「あそびうた」

あそびうた

1 父さん指どこです?

●作詞／不詳
●フランス民謡

1 とうさんゆび　どこです

両手を後ろに隠す

2 ここよ

右手の親指を前に出す

3 ここよ

左手の親指も前に出す

4 ごきげんいかが

右手の親指を曲げる

5 ありがと　げんき

左手の親指も曲げる

6 ではまた

右手の親指を振りながら、後ろに隠す

7 さようなら

左手の親指も振りながら後ろに隠す

2番以降の変化

2番＝かあさんゆび→人差し指
3番＝にいさんゆび→中指
4番＝ねえさんゆび→薬指
5番＝あかちゃんゆび→小指
を出して、①～⑦と同じ動きをする。

あそびうたは、手指のあそび、体あそびと一緒に、幼児期の保育に多く用いられ、年齢の低い子どもには特に大切な活動です。楽しく歌いながら体を触れ合わせることで、心の交流を感じることができるとともに、子どもの音感やリズム感を育て、手指の発達を促します。あそびうたは対象年齢が決まっているわけではなく、実習でもよく取りあげられるので、しっかりとおぼえておけば大いに役立ちます。

あそびうた

2 親指小指

●作詞・作曲／不詳

あそびうた

3 青虫でたよ

●作詞・作曲／不詳

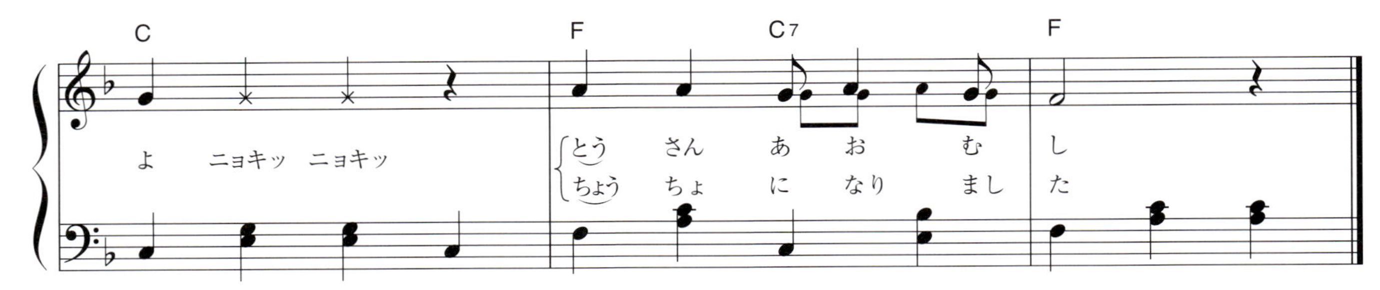

1 キャベツのなかからあおむしでたよ

「キャ」で胸の前にグーを作り、「あお」で腕を前に出しながらパーをする

2 ニョキッニョキッ

親指を、右手、左手と1本ずつ出す

3 とうさんあおむし

指を前に出したまま、左右に揺らす

4 キャベツのなかからあおむしでたよ

「キャ」で胸の前にグーを作り、「あお」で腕を前に出しながらパーをする

5 ニョキッニョキッ

右手の親指から順に右手・左手と交互に指を出していく

6 ちょうちょになりました

両手をパーにして左右の親指を重ね、ひらひらさせる

●ちょうちょ以外に「おばけ」などを入れてみましょう。

2番以降の変化

2番＝かあさんあおむし→人差し指
3番＝にいさんあおむし→中指
4番＝ねえさんあおむし→薬指
5番＝あかちゃんあおむし→小指

を出して、①〜③と同じ動きをする。

あそびうた

4 1本指で手をたたこう

●作詞・作曲／鈴木恵津子

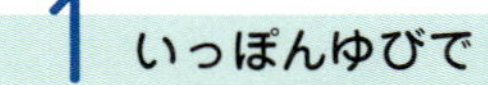

1 いっぽんゆびで

両手の人差し指を出す

2 てを　たたこう

両手の人差し指で拍手する

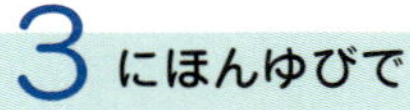

3 にほんゆびで

両手の人差し指・中指を出す

4 てを　たたこう

両手の２本指で拍手する

5 さんぼんゆび

両手の３本指で拍手する

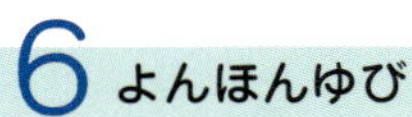

6 よんほんゆび

両手の４本指で拍手する

7 ごほんゆびで

両手をパーにして出す

8 パンパンパン

３回拍手する

第5章 実践編 子どもの発達とあそび

あそびうた

5 1本と1本で

●作詞・作曲／不詳

7 よんほんと　よんほんで

左右４本ずつ
指を前に出す

8 くらげになって

胸の前で両手の
４本指を下に
向けて動かす

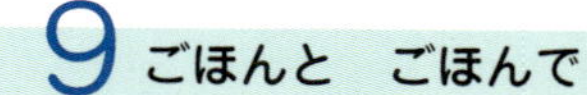

10 ちょうちょになって

両手の親指を
重ねる

11 ひらひらとんでった

両手を斜め上にあげ、
ひらひらさせながら
飛んでいくように
動かす

●いろいろなものを作ってみましょう。

あそびうた

6 茶つぼ

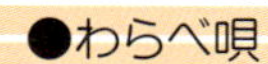

1 ちゃ

左手をグーにし、
その上にパーに
した右手をのせて
「ふた」をする

2 ちゃ

パーの右手を
左手の下にして
「そこ」にする

3 つ

右手をグーにし、
その上にパーに
した左手をのせて
「ふた」にする

4 ぽ

パーの左手を
右手の下にして
「そこ」にする

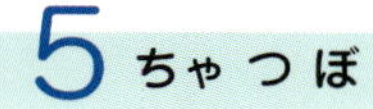

①、②、③を順番に

④、①、②、③、④、①、②を順番に

7 そ こ とっ て ふた に し よ

③、④、①、②、③、④、①を順番に

第5章
実践編 子どもの発達とあそび

あそびうた

7 コロコロたまご

●作詞・作曲／不詳

1 コロコロたまごは

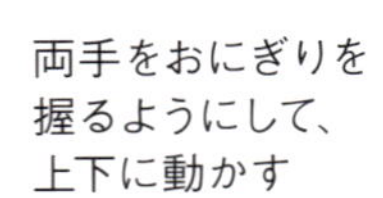

両手をおにぎりを握るようにして、上下に動かす

2 おりこうさん

左手をグーにして、右手でなでる

3 コロコロしてたら

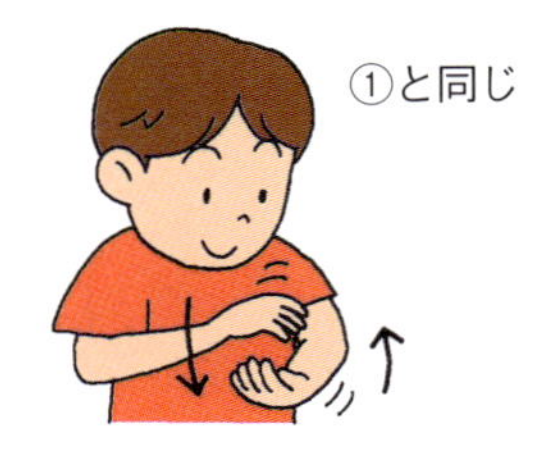

①と同じ

4 ひよこになっちゃった

両腕を体の後ろに回し、パタパタさせる

5 ピヨピヨひよこは

④と同じ

6 おりこうさん

近くの人の頭をなでる

7 ピヨピヨしてたら

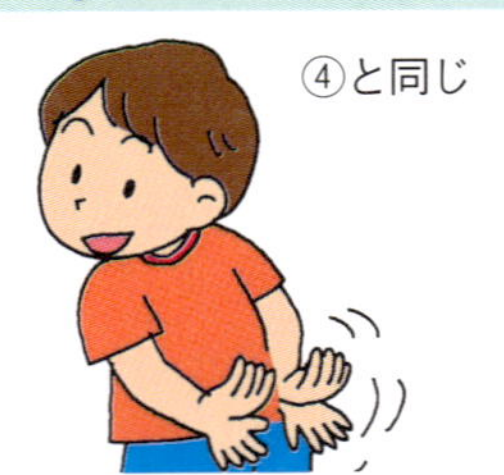

④と同じ

8 コケコになっちゃった

左手で右ひじを支えて右手を立て、手首をニワトリの首のように動かす

9 コロコロ

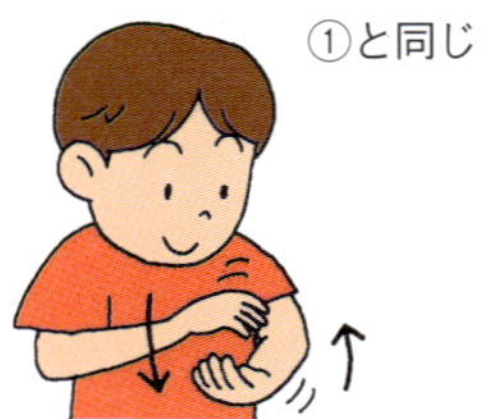

①と同じ

10 ピヨピヨ
④と同じ
11 コケコッコー
⑧と同じ
12 コケコがないたら
⑧の動作で右手の指を、くちばしのように開いたり閉じたりする
13 よがあけた　コケコー
両手を上に上げてバンザイする
あそびうた
8 4・2・3・1
●作詞・作曲／不詳
D
A7
よ　んに　ーさ　んい　ち　よ　んに　ーさん（拍手）よ　んに　ーさ　んい　ち　よん　に　ーさん（拍手）
1 よん 4
人差し指・中指・薬指・小指を出す
2 にー 2
親指・人差し指を出す
3 さん 3
人差し指・中指・薬指を出す
4 いち 1
人差し指を出す
5 よん 4 にー 2 さん 3
①、②、③と同じ
6 ＊休符
1回拍手
7 よん 4 にー 2 さん 3 いち 1 よん 4 にー 2 さん 3
①、②、③、④、⑤に同じ
8 ＊休符
1回拍手

第5章
実践編 子どもの発達とあそび

あそびうた

9 山小屋いっけん

●作詞／志摩桂
●アメリカ民謡

1 やまごやいっけんありました

両手の人差し指で
山小屋の形を描く

2 まどからみていた おじいさん

両手の親指と
人差し指で
めがねの形を作り、
目に当てて左右に
顔を動かす

3 かわいいうさぎが

右手の
人差し指・
中指を出す

4 ピョンピョンピョン

③の指を、
曲げたり
伸ばしたりする

5 こちらへ　にげてきた

④の動作で、
右から左へ
移動させる

6 たすけて たすけて おじいさん

両手を上に
上げて
バンザイする

7 りょうしの てっぽう こわいんです

両手の親指・
人差し指で
鉄砲を表し、
撃つまねをする

8 さあさあ なかへおはいんなさい

どちらか一方の
手で手招きを
する

9 もうだいじょうぶだよ

③を左手で
なでる

●テレビアニメの登場人物等で歌っても楽しく遊べます。

あそびうた

10 小さな畑

●補作詞／福尾野歩
●作曲／才谷梅太郎

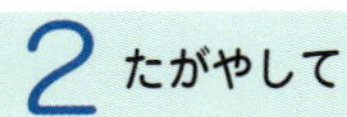

1 ちいさな はたけを

体の前に、両手の人差し指で小さな四角を描く

2 たがやして

腰をかがめて、畑を耕す動作をする

3 ちいさなたねを まきました

種をまく動作をする

4 ぐんぐんそだーって はるがきて

豆のつるのように、下から上に伸びていく様子を表す

5 ちいさなはなが さきました ポワ

小さい花が咲いた様子を表す

●「大きな畑」「怪獣の畑」など、いろいろな畑を作ってみましょう。

あそびうた

11 セブンステップ

●アメリカ民謡

1 ワンツースリーフォー ファイブシックスセブン

二人組になり、両手をつないで右に回る

2 ワンツースリーフォー ファイブシックスセブン

左に回る

3 ワンツースリー

両手で膝を３回たたく

4 ワンツースリー

３回拍手

5 ワンツースリーフォー ファイブシックスセブン

相手と７回手を合わせる

あそびうた

12 葉っぱのじゃんけん

●作詞・作曲／鈴木恵津子

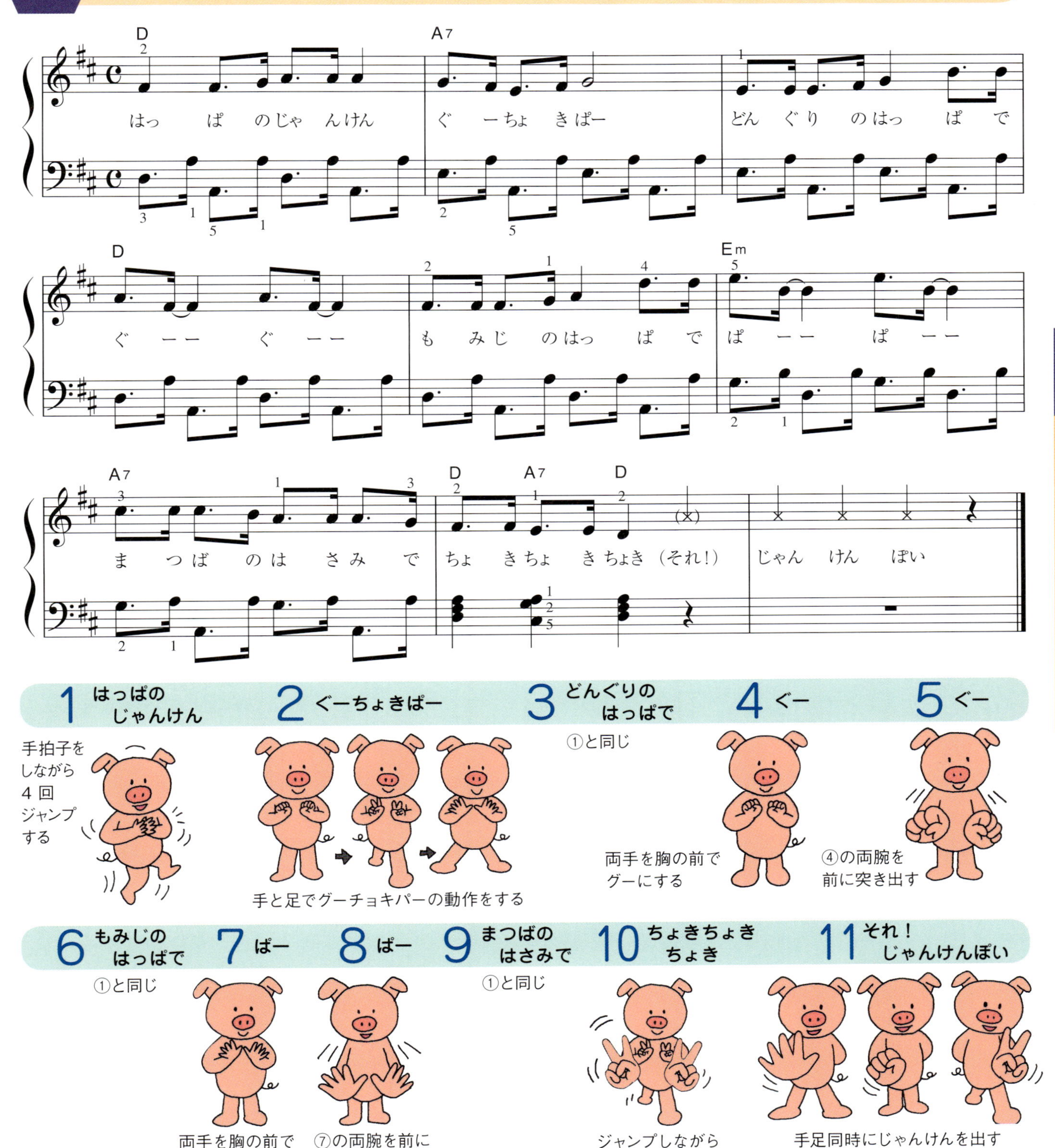

あそびうた

13 大工のきつつきさん

●作詞／宮林茂晴
●オーストリア民謡

1 しずず

両腕を前に出して準備する

2 か

1回拍手

3 な

左(右)手首を反対の手で1回たたく

4 やま

左(右)腕の第2関節(ひじの内側)を反対の手で1回たたく

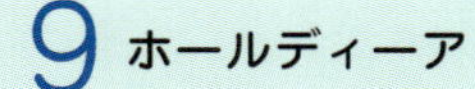

5 ごや に ひび く う た

②、③、④を
順番に動作する

6 は だい

②、③、④を
順番に動作する

7 くの きつ つき さん せい だ す う

②、③、④を
順番に動作する

8 たー

②、③、④を
順番に動作する

9 ホールディーア

両手で膝を細かくたたく

10 ホール

両手で膝を１回たたく

11 ディヒ

１回拍手

12 ヒア

指を１回ならす

13 ホール ディク ク

⑩、⑪、⑫を
順番に動作する

14 ホールディヒヒア
ホールディク ク
ホールディヒヒア
ホールディク ク
ホールディヒヒア

⑩、⑪、⑫を順番に
５回動作する

15 ホー

②、③、④を
順番に動作する

お話を作り、動きを加えていく ～動きの例～

●大工のきつつきさんは、だれかが「サッ」と通るのを見ました
→ホールディヒヒアホールディククサッ
（＊サッ→両手をパーにして左から右へサッと動かす）

●きつつきさんはなんだろうと思って、「ハッ」と驚きました
→ホールディヒヒアホールディククサッハッ
（＊ハッ→両手をあげて、驚いた様子を表す）

●お友達の熊さんだったので、「ホッ」としました
→ホールディヒヒアホールディクク　サッハッホッ
（＊ホッ→両手を交差させて胸に当てる）

あそびうた

14 子どもと子どもがけんかして

●わらべ唄

1 こどもとこどもが けんかして

両手の小指同士を
交差させて、
けんかのように打ち合わせる

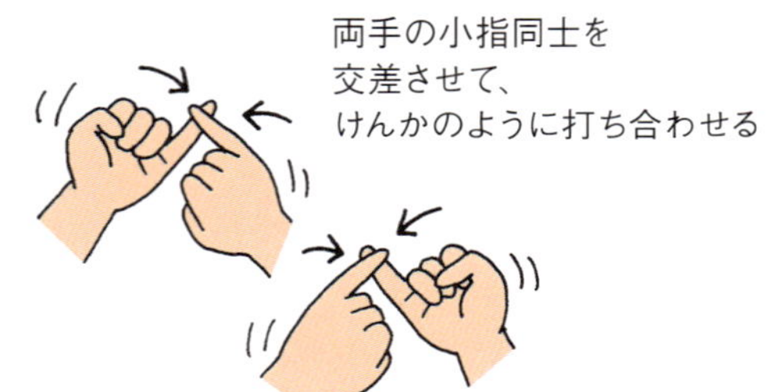

2 くすりやさんが　とめたけど

薬指同士を
打ち合わせる

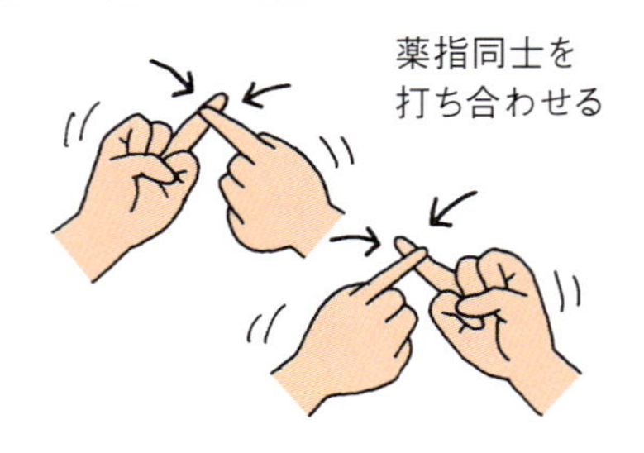

3 なかなかなかなか　とまらない

中指同士を
打ち合わせる

4 ひとたちゃ　わらう

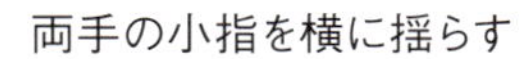
両手の小指を横に揺らす

5 おやたちゃ　おこる

親指以外の指は握り、
親指同士を打ち合わせる

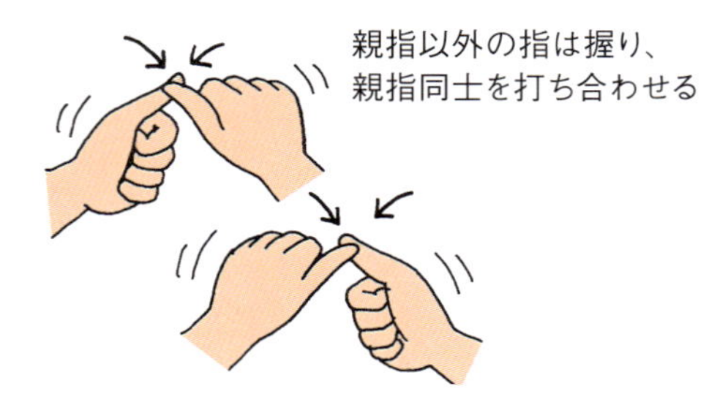

11 パネルシアターを作ろう

ペープサート、エプロンシアター、パネルシアター等は、子どもたちと仲良くなるきっかけを作るのに役立ち、自己紹介や部分実習のときにも活用できます。製作には時間がかかりますから、準備は時間に余裕をもってはじめましょう。また、子どもたちと一緒に作るなど、あそびに取り入れるのもよい方法です。

1 パネルシアターの製作手順

パネル舞台の作り方

■**材料**／パネル布（ネル地）・スチレンボード（ダンボール、ベニヤ板でも可）・ガムテープ・イーゼル

1 パネル布のしわをしっかりと伸ばして広げ、その上に舞台の元となるスチレンボードを置く。

2 パネル布を引っ張り、たるまないように、横をガムテープで仮留めする。

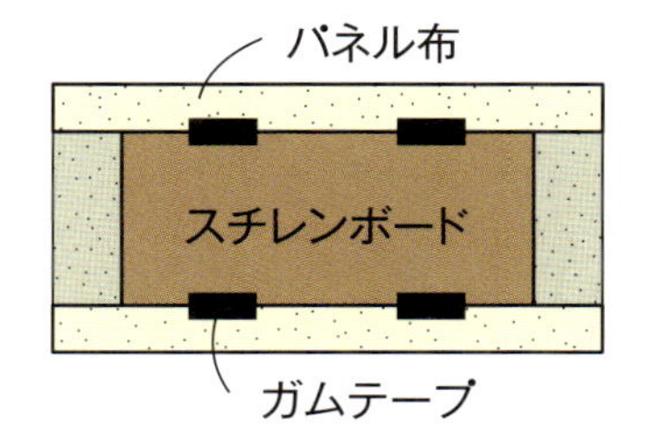

3 パネル布を中に折り込み、縦もガムテープで仮留めする。布が大きくて余る場合には切り取る。

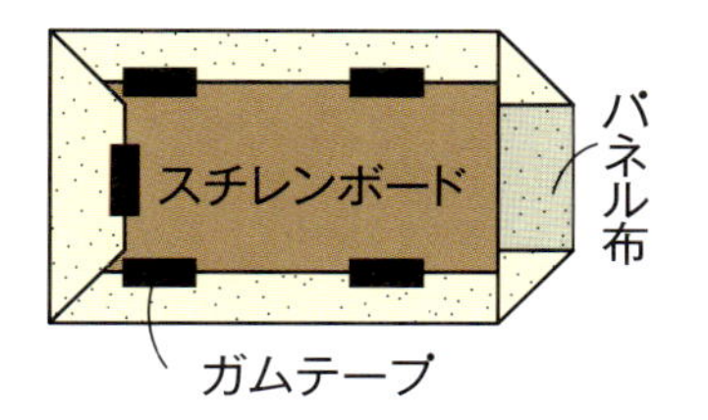

4 横、縦とも仮留めを終えたら、１度表に返して、たるみがないか確認する。

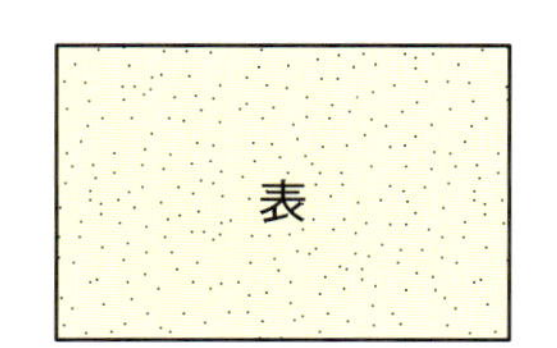

5 縦と横をテープでしっかりと本留めする。

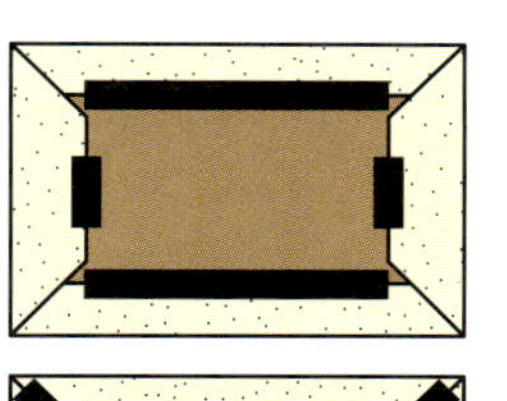

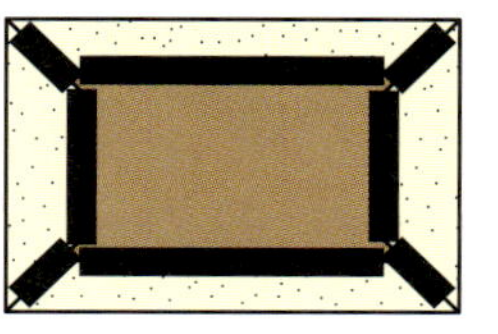

6 完成。イーゼルを少し傾斜させて設置する（イーゼルの代わりに、黒板や壁、テーブル等も工夫して使える）。

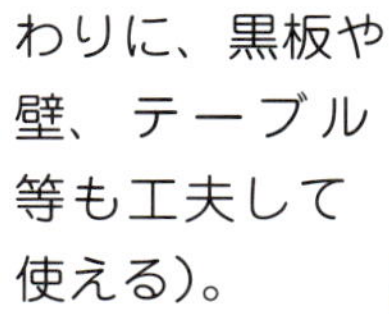

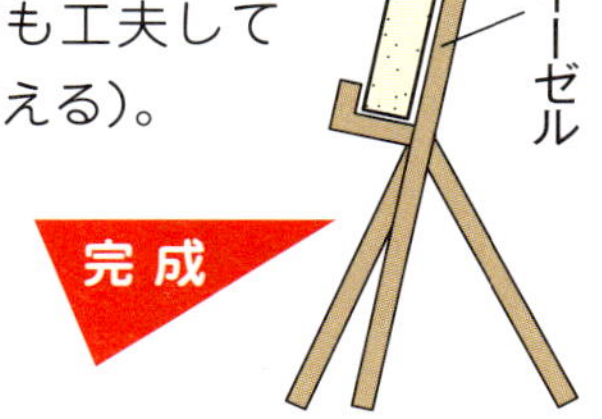

絵人形の作り方

■**材料**／下絵用の紙・Ｐペーパー（パネルシアター用／不織布）・鉛筆・油性マジック・水性絵の具・はさみ

1 下絵を描く。紙に鉛筆で描いた後、油性マジックインキでなぞると、Ｐペーパーに写しやすい。

2 Ｐペーパーの下に下絵を敷いて、油性マジックインキでなぞる。失敗しそうなときには、先に鉛筆でなぞっておく。

3 余白を残して輪郭を切り取る。余白は、輪郭をはっきりと見せ、絵人形を折れにくくするために残す。

4 ポスターカラーや水性絵の具に、適度の水を入れて色を作り塗る。

5 よりはっきりとした人形に仕上げるため、色を塗って消えてしまった輪郭を、もう一度、油性マジックでなぞる。

6

バリエーションを考えよう

2 パネルシアターの仕掛けを工夫しよう

1 舞台に「貼る」

絵人形やいろいろな形に切ったカラーPペーパーを、舞台のパネル地に貼ります。操作は、絵の上の部分を持って軽く舞台につけるだけでよく、手でべたべた押さえないようにします。絵人形を左右に動かすと生き生きして見えます。

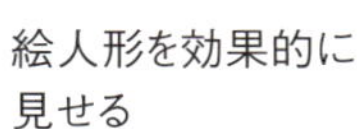

絵人形を効果的に見せる

2 「ずらし」で動きを出す

頭や体を切り離して別々にPペーパーで作り、動かす方法です。ただ貼っている場合と違い、頭や体を上下左右に動かせ、平面で動きがつけられます。操作は、頭を指先でつまんでずらしたり、力を入れずに軽く押さえてずらします。

力を入れ過ぎないようにずらす

3 「表裏」で動きと変化を出す

Pペーパーの表と裏に違う絵を描くと、違った絵や動きが楽しめます。

●向きの変化＝ポーズは斜め横向きか横向きで、1枚のPペーパーの表と裏に同じ絵を描く。絵人形をひっくり返したときに向きだけが変化する。

●背中が見える＝1枚は前から見た姿を描き、もう1枚には後ろから見た姿を描く。2枚をボンドで貼り合わせて、一つの絵人形にする。2枚とも違う絵を描くと、ひっくり返したときに違うものに変身できる。

操作は人差し指と中指で上の部分をつまみ、後ろから親指で軽く押してパネルにくっつけます。

表裏の変化を楽しもう

4 ぶらぶら動きが楽しい「糸留め」

頭、手、足、体などをばらばらに作り、それらを糸で留めて一つの人形にします。糸留めしたい場所に針を刺して、そのまま玉留めをします。人形を左右に振ると、手足がぶらぶら揺れたり回ったりして、動きがつきます。操作は人形の無柄の部分を軽く持って左右に振り、パネルにくっつけて留めるなどして人形に動きをつけます。

左右に振って動かす

5 手品のように現れる「重ねずらし」

同じもの、または同じような形のもの５枚くらいを、一つひとつ貼っていくのではなく、重ねてスライドさせます。手品のように手の中から次々に出てくる仕掛けです。人形は手に入るくらいのサイズで、同じくらいの大きさと形のものがやりやすいでしょう。操作は、５枚とも重ねて手のひらに持ち、パネルの上をなでるようにスライドさせます。人形を出したいときには、少し力を弱めて落とします。動物などを重ねずらしするときに糸で５つをつなげておくと、退場させるときにかわいらしく見えます。

なでるようにスライドさせる

6 変身がおもしろい「重ねばり」

着せ替え人形のように、パネルの上で２枚のＰペーパーをくっつけます。このときＰペーパー同士ではくっつかないので、上から重ねるＰペーパーの裏にパネル布をつけておきます。3の表裏の「操作」と同様に、軽くＰペーパーにくっつけるようにします。

着せ替えで変身させる

7 「切り込み」で絵を組む

絵人形にカッターナイフで切り込みを入れて、絵と絵を組み合わせます。この仕掛けで、木に果実がなっているように見えたり、人や動物が椅子などに座ったり、またがったりできます。操作は、切り込み同士を差し込むようにします。

2枚の絵が一つになる

8 「糸仕掛け」で驚かせる

絵人形（ロケット等）に糸をつけて裏からたらし、後ろから引っ張ります。すると絵人形がひとりでに上っていくように見えます。操作は絵人形を出すときに裏に隠しておき、動かしたい場面で糸を引っぱります。

後ろでひもを引っぱる

3 パネルシアターの実例を見よう!

創作パネルシアター 「おいもほりにいこう」（すぎやまみれい作）

■使われる絵人形とその仕掛け

絵人形	仕掛け
キツネ	・糸留め ・表裏（右向きと左向き）
ブタ	・糸留め ・表裏（右向きと左向き）
イヌ	・糸留め ・表裏（右向きと左向き）
ネズミ	・糸留め ・表裏（右向きと左向き）
いも／葉っぱ	・表裏（いもと葉っぱ） ・糸仕掛け（毛糸のツル）
いも／レモン	・表裏（いもとレモン） ・糸仕掛け（毛糸のツル）
いも／どんぐり	・表裏（いもとどんぐり） ・糸仕掛け（毛糸のツル）
たくさんのいも	・表裏（両方ともいも） ・糸仕掛け（毛糸のツル）
いも畑	・ポケット（いもを全部入れておく）

＊実習生が実際に製作した作品です

人形の作り方

① 動物（キツネ、ブタ、イヌ、ネズミ）を作る

Pペーパーに描いた顔、胴体は表と裏を貼り合わせる。手、足は裏表に手描きする。それぞれのパーツを糸留めする。

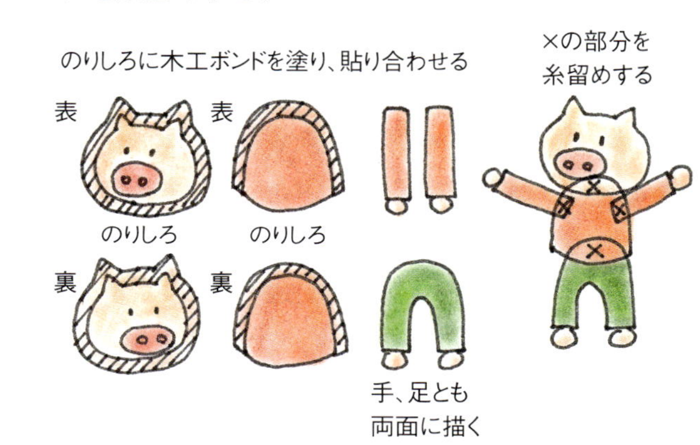

② いも（葉っぱ、レモン、どんぐり）を作る

いもを3枚作り、それぞれの裏に葉っぱ、レモン、どんぐりを貼り合わせる。

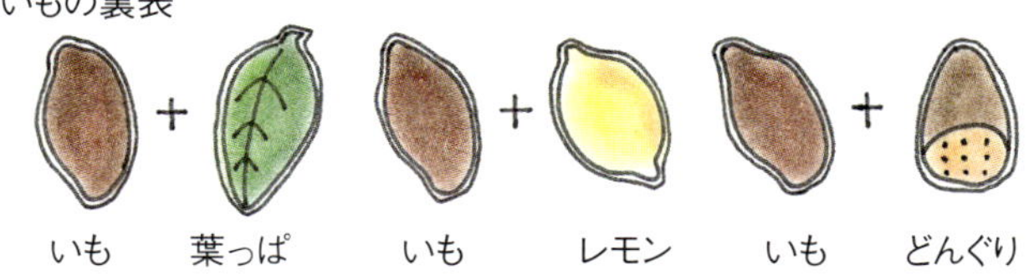

③ たくさんのいもを作る

いろいろな形のいもを作り、毛糸でつなぐ。

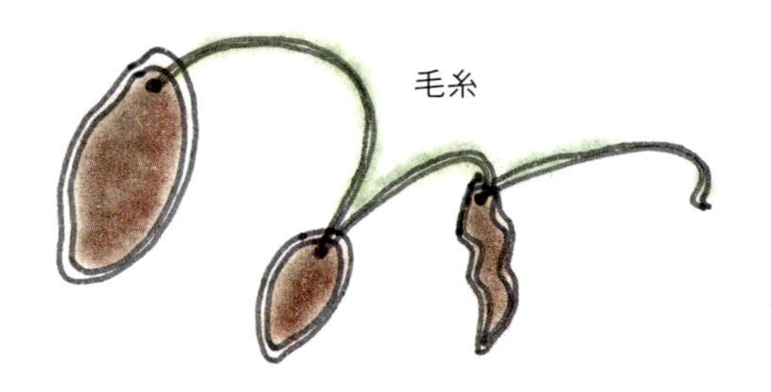

④ 葉っぱを4枚作る

葉っぱを描き、裏にネル布を貼る。

⑤ 糸でつないで仕掛けを作る

②、③、④を毛糸でつなぐ。毛糸はパネルの後ろからつるせるように長くする。

毛糸

⑥ いも畑を作る

茶色に塗った畑の裏に、不織布でいもを入れるポケットを作る。葉っぱは土の上に貼る。

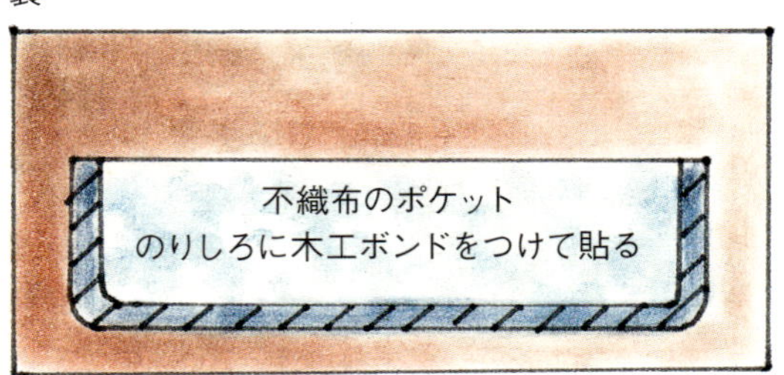

弾き歌い曲「ほれほれおいも」 作詞・作曲／すぎやまみれい

「おいもほりにいこう」の演じ方

［操作法］キツネ、ブタ、イヌ、ネズミを舞台に出す
［セリフ］「今日は、キツネくんとブタくんとイヌくんとネズミくんと、おいもほりにいきますよ」
［うた］（1 番）を歌う

［操作法］歌いながら、いも畑を出す。いものツル（糸仕掛け）の先端はパネル裏に垂らす
［セリフ］キツネ「コンコン！　大きいのを取るぞー」
［うた］（1 番）を歌う

［操作法］うたに合わせてキツネを左右に動かす。糸仕掛けのキツネのいもを引っぱりながら、
［セリフ］キツネ「うんしょ、うんしょ。すっぽーん。やったー！　でも何だかペラペラしているよ」

［操作法］いもを裏返して、葉っぱにしながら、
［セリフ］キツネ「あれー！　おいもの形をした葉っぱだったー」

［操作法］キツネと葉っぱをとり、ブタを出しながら、
［セリフ］ブタ「ブーブー、よーし、今度こそおいもを取るぞー」［うた］（1 番）を歌う

［操作法］歌に合わせてブタを左右に動かす。糸仕掛けのブタのいもを引っぱりながら、
［セリフ］ブタ「うんしょ、うんしょ。すっぽーん。やったー！　おいしそうなおいもだぞ。ちょっとかじってみよう。ガブリ！」

［操作法］いもを裏返して、レモンにしながら、
［セリフ］ブタ「わー、すっぱい！　これはレモンだー！」

［操作法］ブタとレモンをとり、イヌを出しながら、
［セリフ］イヌ「ワンワン。よーし今度はぼくの番だ」
［うた］（1 番）を歌う

［操作法］歌に合わせてイヌを左右に動かす。
糸仕掛けのイヌのいもを引っぱりながら、
［セリフ］イヌ「うんしょ、うんしょ。すっぽーん。
やったー！　まん丸だー。でも、このおいも、
帽子をかぶっているよ」

［操作法］いもを裏返して、どんぐりにしながら、
［セリフ］イヌ「あれー、まん丸のどんぐりだ……」

［操作法］イヌとどんぐりをとりネズミを出しながら、
［セリフ］ネズミ「チュウチュウ。ぼくはいっぱい
おいもを取りたいなー」
［うた］（1 番）を歌う

12

［操作法］歌に合わせてネズミを左右に動かす。
糸仕掛けのネズミのいもを引っぱりながら、
［セリフ］「ネズミ「うんしょ、うんしょ。んー、
なかなか出てこない。みんな手伝ってー」

［操作法］動物を出しながら、
［セリフ］キツネ「オウ！　いいよ」
ブタ「ブーブー！　いいよ」
イヌ「ワンワン！　いいよ、がんばろう」

［操作法］糸仕掛けのネズミのいもを引っぱりながら、
［セリフ］全員「うんしょ、うんしょ。うんしょ、
うんしょ……、すっぽーん」
「やったー！　おいもがいっぱーい」

15

［セリフ］「色んな形のおいもがあるねー。
ヘビさんいもに……、赤ちゃんいもに……」
（＊何の形があるか子どもに聞いてみる）
［セリフ］「たくさん取れたから、今日のおやつ
は焼きいもにしよう！」
［うた］（2 番）を歌う

16

［操作法］歌に合わせながら、動物を左右に動
かす。

12 楽しい造形あそび!

子どもは絵や工作が大好きです。そして、絵や工作は、子どもの自由な感覚を、より豊かに表現させ伸ばすことができる素晴らしい手段です。ここでは、いろいろな絵画の技法や、道具を使う工作を紹介しています。中には注意が必要な道具等もありますが、早い時期から危険性を知り、使い方をおぼえるのはよいことです。保育者が十分に気を配り、無理のない範囲で教えてあげましょう。

造形あそびに入る前のおさらい

接着剤は用途に合わせて

「紙と紙」は同じ素材であり、ごく普通ののりで簡単に貼り合わせられます。ただし「木と紙」のように異なる素材の場合には、接着剤を使い分ける必要があります。右にあげたのは、造形表現に使用される接着剤の種類です。選ぶときは用途に合わせ、子どもの年齢と危険性を考慮しましょう。

こうすればしっかり接着!

必要以上に厚く塗っても効果は増しません。しっかりした接着は「薄く、均一に塗り、硬化するまで待つ」が基本です。

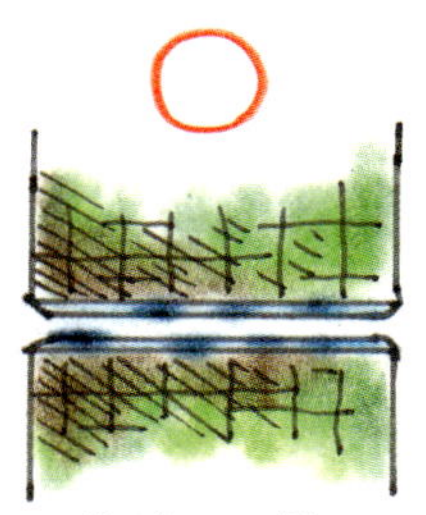
薄く均一に塗る

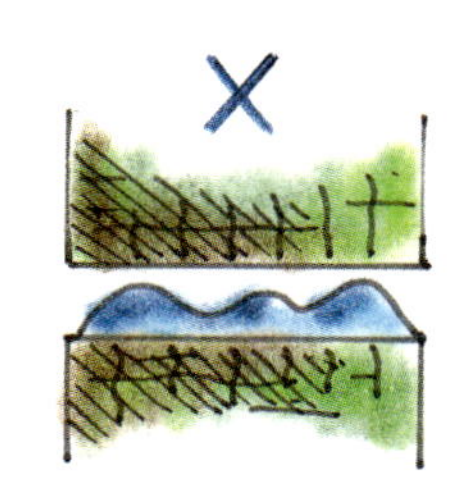

●自分で作れる接着剤●

例／片栗粉と水をかき混ぜながら加熱する

例／小麦粉1に、水9の割合で加熱してかき混ぜるなどの方法があります。

■接着剤の種類

●小さい子でも安全なもの

①そくい（ご飯粒）

ご飯粒を練って作る最も簡単な接着方法です。奈良時代から木工芸品の接着などに用いられ、木や紙、革などの接着ができます。

※その他、左下で例にあげた接着剤も同様です。

②でんぷんのり

自然にやさしい天然のでんぷんを使い、子どもが誤って口に入れても安心な防腐剤が入らない接着剤です。チューブなどに入って市販され、薄紙の接着が手軽にできて扱いも安心です。接着強度は低いですが、木の接着にも使用できます。

●子どもにも使えるもの

③合成のり

ポリビニルアルコール（ＰＶＡ）を使った液状の接着剤で、スポンジキャップ付き液状タイプなどが市販されています。また、ポリビニルピロリドン（ＰＶＰ）を主成分としたスティックタイプなども市販されています。どちらも紙の接着をきれいに行うことができ、速乾性で接着力も抜群です。

④酢酸ビニル樹脂エマルジョン系接着剤

「木工用」の接着剤です。白色をしており、乾燥すると透明になります。水に薄めることもできて扱いが容易です。紙、木に特に優れた接着性があり、他にも布、竹など広範囲に使用が可能です。「木工用ボンド」や「木工用セメダイン」などの商品名で知られています。

●保育者が使用するもの

⑤合成ゴム系接着剤

淡黄色で紙、布、ゴム、木、プラスティックの接着や違う材質の接着に最適です。ただし、有機溶剤による人体に対する毒性や、高い引火性に十分な注意が必要です。

⑥エポキシ系接着剤

使用前に２液を混ぜて、金属、ガラス、陶磁器、コンクリート、木などの接着を行います。収縮がほとんどなく、押さえつけることが不要です。

⑦瞬間接着剤

シアノアクリレート系の接着剤で、水分に反応して硬化します。一滴で接着が可能で、金属・ガラス・プラスティック・木などに使用されます。

※⑤～⑦については、子どもがさわらないよう扱いに注意します。

13 造形あそびの技法を確認しよう

造形あそびの技法にはさまざまなものがあります。実習の際は、子どもたちが技法そのものの行為を楽しむことができるように導入し、そこから自由な発想や工夫ができるように導くことが大切です。ここでは造形あそびの技法を使った作品を紹介します。

フィンガーペインティングあそび

製作：出口貴恵

指絵の具または水彩絵の具にでんぷんのりを混ぜたものを耐水板にひろげます。手で思い思いに絵の具を混ぜたりひろげたりして、絵の具の感触を指や手で確かめながら楽しみます。

●お絵かきをしよう！

耐水板の上で指でお絵かきをしましょう。何度も描いては消して楽しみます。上手にできた絵を画用紙に写し取って「のり版画」作品にしてみましょう。

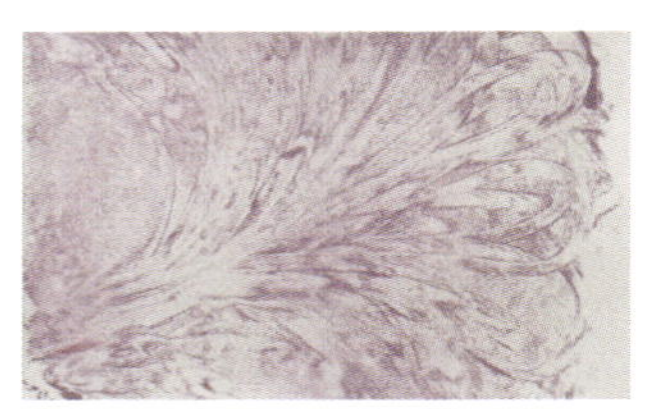

作品例。指で思い思いに描いた模様が反転されて、筆やクレヨンで描いたものとはひと味違った絵ができあがる。

●大きな魚を作ろう！

一人ずつうろこの形に切り取った画用紙に写し取り、貼り合わせて大きな魚を作りましょう。

ドリッピングあそび

製作：森田華子

水でゆるめに溶いた絵の具を、筆にたっぷり含ませて画用紙にたらしたり、振りかけたりすることでいろいろな形や色を楽しみます。画用紙の上の絵の具の滴をストローや口で吹いてもおもしろい模様ができます。

●ブドウができたよ！

シャボン玉液に水彩絵の具で色をつけて、ストローで吹いて画用紙に落とし、ブドウの房を作ります。さらに水彩絵の具の滴を吹いて、枝の部分を作ります。色紙を葉の形に切って貼ってもよいでしょう。

●お花を作ろう！

ドリッピングでできた模様を利用して、かわいいお花を作りましょう。

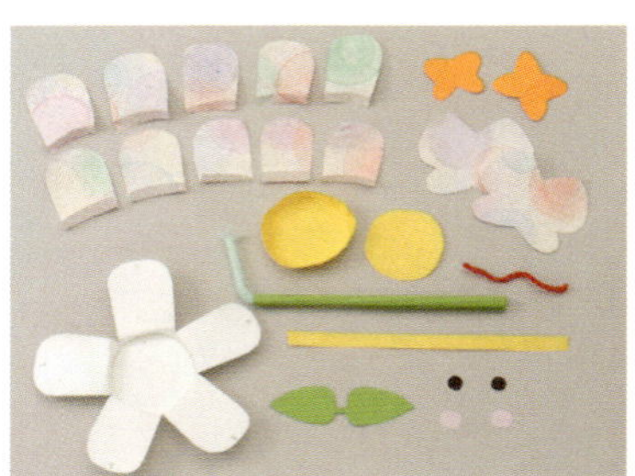

▲模様のついた紙（花びらになる）を貼る台紙、ストロー、色紙などを用意。

▼のりやセロハンテープで貼り合わせて、お花のできあがり。

スタンピングあそび

製作：中尾千尋

身の回りにあるさまざまなものに水彩絵の具をつけて、紙などに型を押し、「スタンピング」します。同じ形を繰り返し作ることができ、デザイン的な感覚を楽しみながら自由な表現ができます。

●野菜でポン！

野菜でスタンピングします。形を何かにみたてて絵を描いたり、切り抜いて作品にしてみましょう。

●手形でポン！

手形でスタンピングしたものをはさみで切り抜き、何かの形にみたてて作品を作りましょう。

スパッタリングあそび

製作：深川奈津希

型紙、または木の葉など型紙として画用紙の上にのせ、ぼかし網とぼかしバケで、水彩絵の具をスプレーの霧のように飛ばして写し取る方法です。

●ペン立てを作ろう！

画用紙にスパッタリングで絵を描き、切り取った牛乳パックを使ってペン立てを作りましょう。

牛乳パックを切り、スパッタリングで描いた絵を側面に貼る。

●ポシェットを作ろう！

スパッタリングをした紙皿を使って、かわいいポシェットを作りましょう。

1 紙皿を1枚半と、リボンを用意。

2 全体に色を塗った紙皿に、模様にくり抜いた型紙をあててスパッタリングで絵を描く。穴を開けてリボンを通し、紙皿をビニールテープでとめる。

3 かわいいポシェットのできあがり。

デカルコマニーあそび

製作：中岡あゆみ

二つ折りした画用紙の片面に自由に色を置き、再び二つ折りして開くと、左右対称の形ができあがります。この画面を眺めているとさまざまな形が連想されます。

デカルコマニーで作った魚を色画用紙に対称に貼る。

●これなぁんだ！

できた形を子どもたちとクイズ形式で楽しみます。何かにみたてて切り抜き、飛び出す絵本のようにしてもよいでしょう。

糸引き絵あそび

製作：中岡あゆみ

水彩絵の具で色をつけたタコ糸等のひもを、二つ折りして開いた画用紙の上に、好きな形に置きます。画用紙を再び二つ折りして糸を引っ張ると、左右対称の形ができあがります。

●何に見えるかな？

不思議な左右対称の模様が、何に見えるか連想させてみましょう。水性ペンなどで線や色を描き足したり、切り込みを入れて口を作ったりしながら、作品に仕上げます。

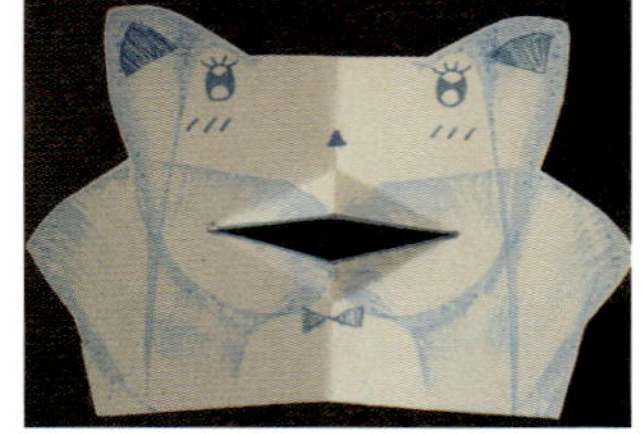

動物にみたてて目鼻を描いてみたり、切り抜いてお面にし、口の部分に切り込みを入れるなどして楽しむ。

●糸引き絵でブンブンゴマ!

糸引きに使ったたこ糸も利用して、ブンブンゴマを作ってみましょう。

糸引き絵2枚を円に切り抜きテープで貼り合わせ、中心にひもを通し、ひもを巻いては引っ張って、こまを回して遊ぶ。

マーブリングあそび

製作：田中亜有美

墨汁やインクを水の表面に浮かべて、画用紙に写し取る技法です。画用紙に写し取った模様が大理石（マーブル）に似ていることから、マーブリングと呼ばれます。

マーブリング用のインクを使うと、色が混ざり合わないので、カラフルな模様ができる。

●マーブリングでいろんな形!

薄紙にマーブリングをして、それを花の模様に切り取って画用紙に貼りつけ、作品を作ります。

●マーブリングで金魚できたよ!

綿やスポンジをマーブリングをしたガーゼでくるみ、輪ゴムなどでとめて胴体と尾びれを作って金魚の形を作ります。箱などを使って飾り、かわいい金魚を泳がせてみましょう。

バチックあそび

製作：藤井彩子

クレヨンやパスで絵を描いた上に、水彩絵の具を塗ると、クレヨン・パスの部分が絵の具をはじきます。はじき絵ともいいます。染色の技法である、ろうけつ染はこの技法で作ります。

白いクレヨンで描いた絵がほんのり浮かびあがる。

●お絵かき染め紙を作ろう！

習字に使う半紙を利用して、クレヨン・パスで絵を描き、それを折りたたんで角を染めます。ひろげるときれいなお絵かき染め紙ができあがります。

思い思いの色で描いても楽しい。

●バチックでツリー作り！

バチックを利用して、ツリーの飾りや雪、レンガをクレヨン･パスで描き、それを水彩絵の具で塗り、組み立てます。

ツリーを作るには、正方形の厚紙を折り、切り込みを入れる。

厚紙にクレヨンで飾りを描き、緑色の絵の具を塗る。三角に折ってツリーの形にする。

バッグの画用紙は白いクレヨンで雪を描き、黒い絵の具で浮き上がらせる。

フロッタージュあそび

製作：田尻麻里奈

凹凸のあるものに薄紙を押しあて、色鉛筆などでこすり、その地肌や模様を写し取ります。さまざまな形が浮かび出るので、まだ絵が描けない子どもでも楽しむことができます。「こすり出し」ともいいます。

●葉っぱでみたてあそび！

葉っぱをフロッタージュしたものを切り貼りし、クレヨン・パスなどを使い動物などにみたてた絵を描いてみましょう。

くじゃく

ライオンのお面。

●葉っぱでお面作り！

フロッタージュを使って、動物などにみたてお面を作り、その動物を演じてみましょう。

●くるくるコマ！

色鉛筆を使ってフロッタージュしたものを貼りつけ、コマを作ってみましょう。回すときれいな色ができます。

かぎの形のフロッタージュをたくさん貼りつけて作ったコマ。軸にはつまようじを使用。

スクラッチあそび

製作：榎友理

「引っかき絵」ともいい、割り箸ペンなどを使って画用紙を引っかくことで、さまざまな色の線が現れる技法です。クレヨンでもできますが、パスのほうが柔らかく伸びがよいので、きれいに仕上がります。

●写真立てを作ろう！

画用紙にスクラッチしたものを、段ボールなどに貼りつけ、写真立てを作ってみましょう。

中心を四角くくり抜いた段ボールと、くり抜いていない段ボールを貼り合せる。周囲にスクラッチで描いた絵を貼る。

下図となるさまざまな色を塗り、上から黒などの濃い色のパスで塗りつぶす。

割り箸をとがらせたペンで上から引っかくように描く。

14 作って遊ぼう!

「作って遊ぶ」をテーマに、身近にある材料を利用して、アイディア工作を楽しみましょう。ここでは、お菓子の空き箱や紙コップなどを使って「動くもの」や「音の出るもの」、「光と色で遊ぶもの」を作ってみます。さまざまな作り方を理解し、実際に手で作り、それを使って遊ぶことは、子どもたちにとって貴重な体験になります。

1 回転の働きを利用した工作

「走れ！ くるま」を作る

製作：田近裕子

球、円筒、円板などの回転体の働きを応用して、動かす仕組みを作りましょう。ペットボトルのふたを使います。できるだけ点で重さを支え、摩擦を少なくすることが、うまく動かすためのポイントです。

［材料］

お菓子の空き箱２個、竹ぐし、ストロー、ペットボトルのふた、木工用接着剤、セロハンテープ、折り紙

［作り方］

1 大きさの違うお菓子の空き箱を、木工用接着剤で貼りつけます（空き箱の表面にはラミネート加工を施しているものがあり、でんぷんのりや合成のりでは接着しにくいものがあるので注意）。

空き箱をつける

2 ストローをセロハンテープで固定し、竹ぐしを通します。

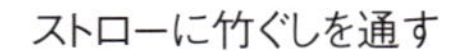
ストローに竹ぐしを通す

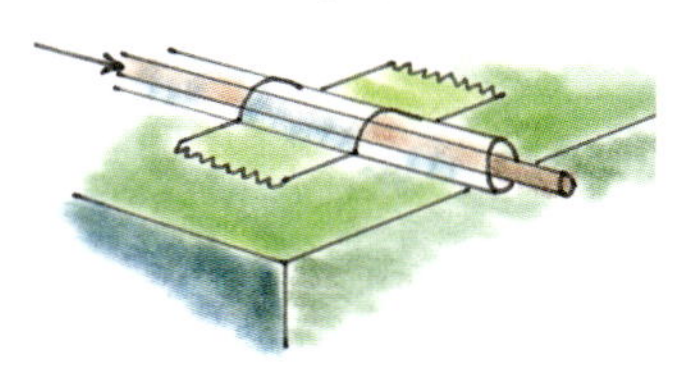

3 ペットボトルのふた４個に、四つ目ギリで竹ぐしが通る穴をあけます（保育者があらかじめあけておく）。

竹ぐしの穴をあける

4 竹ぐしにペットボトルのふたを取りつけます（安全のため、余分な竹ぐしは切り取る）。

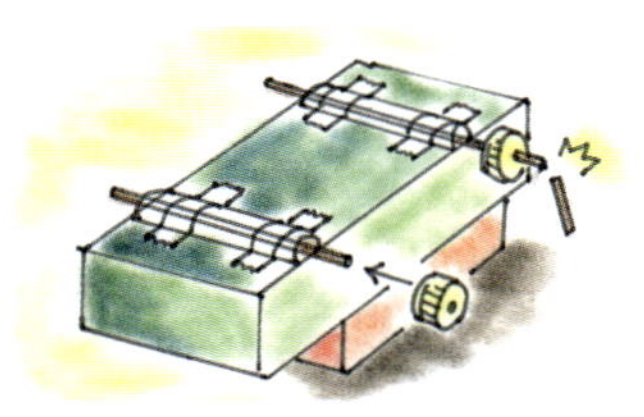
余った竹ぐしは切り取る

5 表面を折り紙等で、飾りをつけて完成。

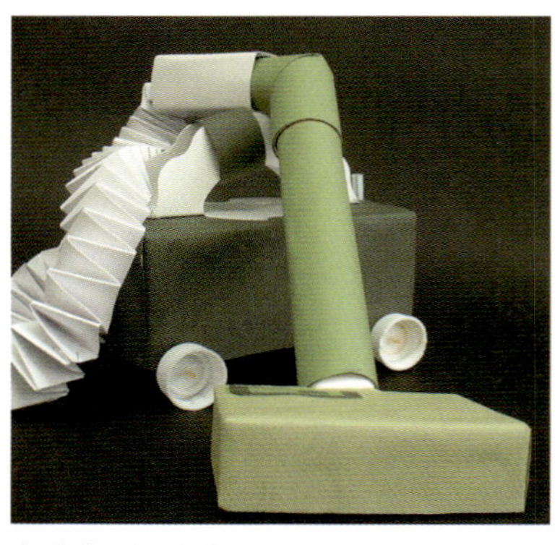
自動車を掃除機にアレンジしたもの

2 弾力のある素材を利用した工作

「飛べ！　ロケット」を作る　製作：中岡あゆみ

弾力のある素材には、ゴムや竹、ストローなど、さまざまな物があります。素材の弾力を生かした動くおもちゃは、子どもの興味を誘うでしょう。おもしろい動きをいろいろと工夫してみましょう。

発射台からゴムの力で勢いよく飛び出すロケット

［材料］

紙コップ、輪ゴム、ビニールテープ、色紙、水彩絵の具、木工用接着剤、フェルトなど

［作り方］

1 1個の紙コップの4か所に1.5㎝の切り込みを入れ、1本の輪ゴムを十字にかける。切り込み部分をビニールテープで巻く（保育者がおこなう）。

2 紙コップの周囲をフェルトで巻き木工用接着剤で貼りつけ、ロケットを作る。

3 もう一つの紙コップに色紙、水彩絵の具で装飾し、発射台にする。

4 完成

3 音の出るものを利用した工作

「タンタンタンバネット」を作る

案　：菊川千夏、上田莉都子、松本桃薫
製作：中岡あゆみ、伊藤栄梨

ボタンやどんぐりなど、箱や袋に入れて振ると音の出る素材を利用して、タンバリンを作りましょう。入れる素材の量や大きさなどの違いで、出る音が違うのを楽しんでもよいでしょう。

いろいろな音が楽しめ、飾りつけも自由に

［材料］

音の鳴りそうなもの（ストロー、ボタン、どんぐりなど）、紙皿２枚、ビニールテープ、ペットボトルのふた、ヘアゴム、折り紙、木工用接着剤など

［作り方］

1 1枚の紙皿の真ん中に2つ穴をあけ（6〜7cm程度の間隔。保育者があらかじめあけておく）、20cm位に切ったヘアゴムを通し、3重にまめしばりしてとめる（ストローでとめてもよい：写真右）。

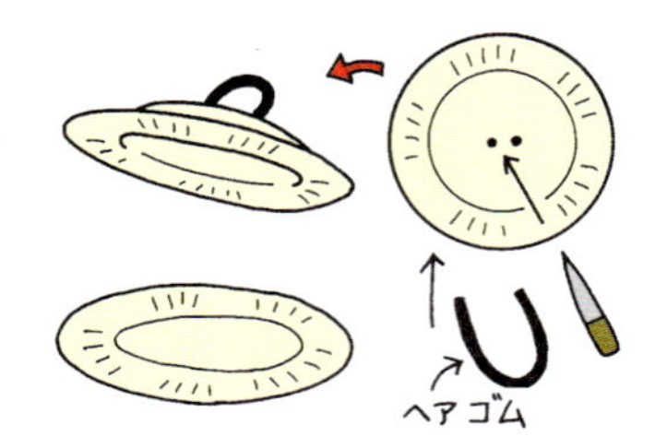

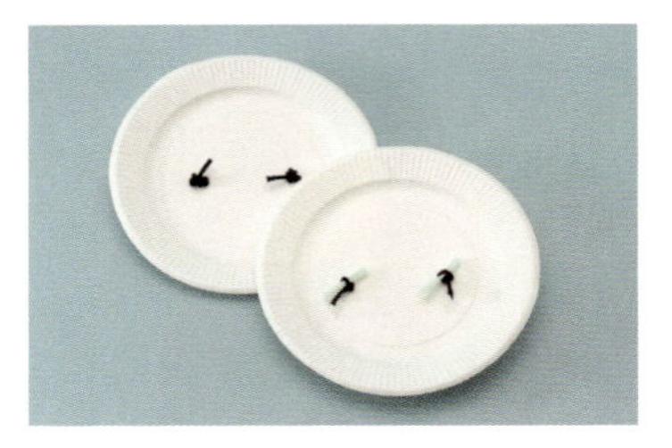

2 音の鳴りそうなものを中に入れ、もう一枚の紙皿を合わせて木工用接着剤などで貼り、周りに飾り用のビニールテープを巻く。

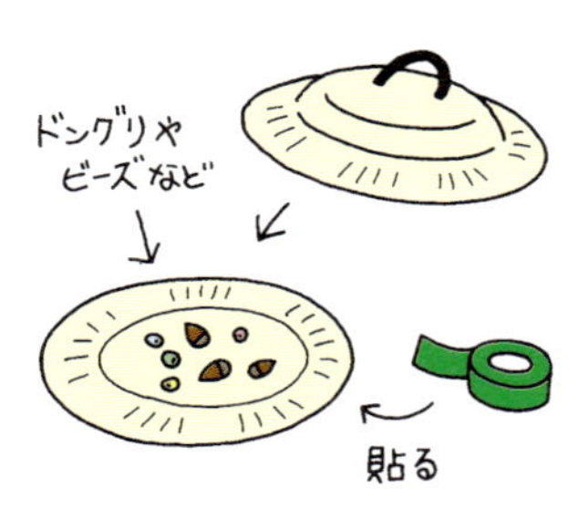

3 表面を折り紙などで装飾して飾ったペットボトルのふたを木工用接着剤で貼り、完成。

ペットボトルのふたでどんぐりを作って飾る

裏面

ペットボトルのふたでてんとう虫を作って飾る

裏面

別バージョン

同じように紙皿を合わせて、でんでん太鼓を作って遊んでみましょう。紙皿2枚に割り箸をはさんで貼り合わせ、両端に穴を開けてひもを通したどんぐり等を通します。紙皿を飾ればでき上がり。

4 光と色を利用した工作

「キラキラスコープ」（ビー玉万華鏡）を作る

案：矢野ゼミ
製作：田近裕子

ビー玉やアルミホイル、ホログラムテープなど、光の角度によって見え方が変わる素材を利用して、万華鏡を作って楽しみましょう。くび飾りのように毛糸でひもをつけたり、思い思いに飾ることで、子どもたちの小さな宝物になります。

［材料］
画用紙、色画用紙、ビー玉、アルミ箔またはホログラムテープ、毛糸、油性ペン、両面テープ、木工用接着剤、カラーセロハン、折り紙、セロハンテープなど

［作り方］
1好きなビー玉を選び、表面の半分に模様をつける。油性ペンで描いたり、細かく切ったカラーセロハンを貼るなどする。

※カラーセロハンは、水で薄めた木工用接着剤をつけてビー玉に貼る。

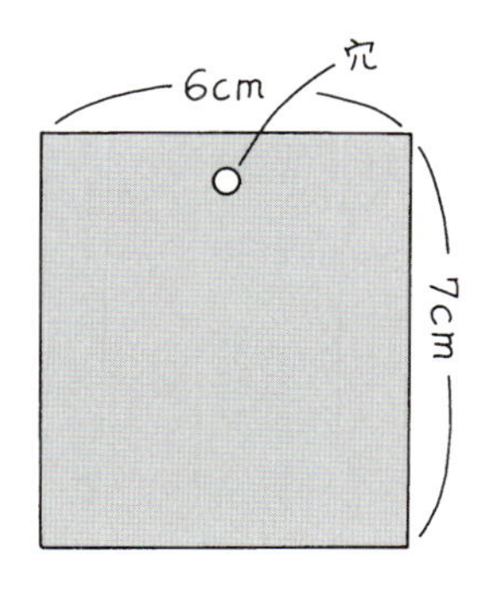

2画用紙を7×6cmに切り、片面にアルミ箔またはホログラムテープを貼り、パンチで穴をあける。

3アルミ箔を貼った側の、パンチの穴がない方の端に両面テープを貼り、ビー玉をのせて端から巻く（ビー玉は模様をつけた面が外側を向くようにおく）。巻き終わりをセロハンテープでとめる。

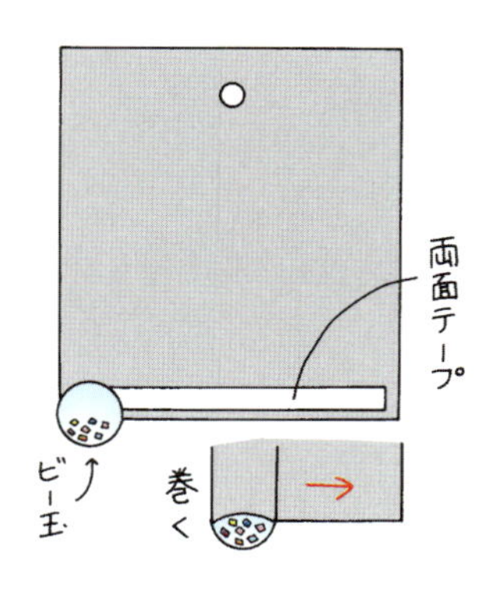

4色画用紙を7×6cmに切り、左右の中央あたりにパンチで穴をあけ、端に両面テープを貼って3を上にのせて巻く（パンチの穴が重なるように）。

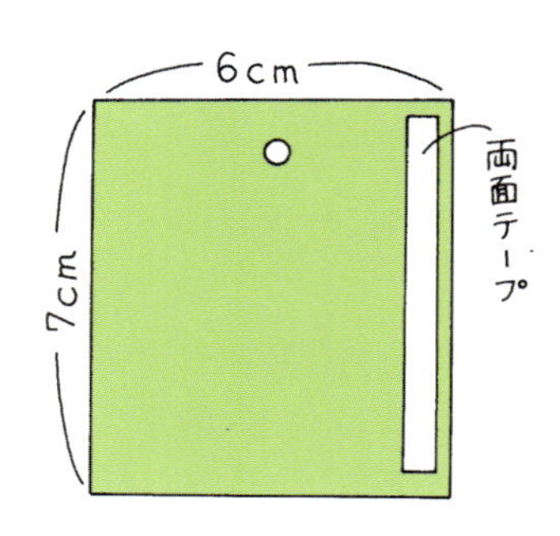

5巻いた色画用紙の表面に折り紙を貼ったり絵を描くなどして飾り、パンチの穴に毛糸を通して結んだらでき上がり。

15 自然を使った造形あそび

コンピューターゲームが子どものあそびのメインになりつつある最近では、子どもたちが直接木や木の実、草花に触れて匂いをかぎ、移り変わる四季の美しさを体感する機会が少なくなっています。しかし、子どもの発育の過程で、しっかり歩き、跳んだり走ったりもできる2歳以降になると、屋外に出て自然と触れ合う時間はとても大切です。園庭や公園など、周辺にある自然の多い場所でのネイチャー・ゲームや、木を用いた工作、形あそびや色あそびなど、楽しく遊びながら自然と触れ合う機会を作ってあげましょう。

1 葉っぱや枝を利用した造形あそび

製作：上田莉都子、森田華子、田尻麻里奈

さまざまな形や色の葉っぱや枝に触れながら、お絵かきや工作に取り入れてみましょう。葉っぱを使うときは、十分に乾燥させないと、しおれてしまうので注意が必要です。

●かわいい葉っぱの小物入れ

画用紙で作った土台に葉っぱを貼りつけ、枝で取っ手をつけるとかわいい小物入れができあがります。

［作り方］

1 画用紙を折って箱形にしカゴの土台を作る。

2 木工用接着剤で葉っぱを貼りつける。木の枝を数本合わせて毛糸などで固定し持ち手を作り、木工用接着剤で土台につける。

3 表面にニスを塗る（保育者が行う）。

●葉っぱでちぎり絵

色や形が違う葉っぱを利用して、ちぎり絵に挑戦してみましょう。水彩絵の具で描いた作品とは一味違った感じに仕上がります。

●葉っぱのドレスができたよ！

大型のポリ袋に首と腕を通す口をあけて、葉っぱを貼ってドレスを作りましょう。

2 木の実を利用した造形あそび

製作：伊藤栄梨、中岡あゆみ

どんぐりや松ぼっくりなど、木の実を使ってひと工夫したあそびをしてみましょう。子どもたちは木の実が持つ形のおもしろさに気づき、自然に親しみを持つことでしょう。（※キリは保育者が使ってください）

●木の実で音楽隊

どんぐりマラカス。ペットボトルの中にどんぐりを入れ、ふたをしめて振って鳴らす。

松ぼっくりのベル。紙コップの底に穴をあけ、ヘアゴムを通す。内側に松ぼっくりやどんぐりを毛糸でぶらさげて振る。周囲をフェルトなどでおおうなどして飾る。

●木の実で飾ろう！

木の実でクリスマスのオーナメントとツリーを作りましょう。

木の実を飾ったクリスマスのリース。

松ぼっくりで作った小さなクリスマスツリー。油性の白いマーカーで先端を塗ったり、モールやスパンコールで飾る。

●木の実でファッションショー

どんぐりにキリで穴をあけ、ひもを通したネックレス。

どんぐりの実と帽子ははずして間に毛糸を通して木工用接着剤でとめ、ヘアゴムを毛糸に巻きつけてつなげたブレスレット。

●木の実であそぼう！

松ぼっくりのけん玉。紙コップの底にたこひもをとめ、ひもの先に松ぼっくりを結ぶ。けん玉のように紙コップの中に松ぼっくりを入れて遊ぶ。

どんぐりゴマ。どんぐりにキリで穴をあけ、つまようじを通して木工用接着剤でとめる。カラフルな色を塗る。

ぼっくりみのむし。松ぼっくりとどんぐりのおわんを使ってみの虫のようなマスコットを作る。

3 石ころを利用した造形あそび

製作：菊川千夏、榎友理、西田美加

石にはさまざまな形があります。丸い形、角のある形など、じっと見ていると何かの形に見えてきませんか？石の形を利用して造形を楽しんでみましょう。

●お弁当を作ろう！

自然の石の形を利用してお弁当作りをします。水彩絵の具で色をつけ、紙粘土で作ったお弁当箱やお菓子の空き箱に盛りつけます。

●いろんな動物、いろんな乗り物！

自然の石に枝や木の実などをつけたりして、動物などにみたててみましょう。何ができるかな？

4 砂を利用した造形あそび

製作：村岡愛里、田中亜有美、中尾千尋

木工用の接着剤を水で溶き、筆を使って画用紙をなぞった後に砂をまくと、筆跡に砂が付着し、絵ができあがります。

●自然の砂でお絵かき

ざらざらした感じを利用して、お絵かきをしてみましょう。

黒っぽい紙に描くと、砂の色とざらざら感が浮き上がって見える。

折り紙でアレンジしてもよい。

●色砂でお絵かき

白砂を水性絵の具を水で溶いた容器に入れ、しばらく置いてから新聞紙に広げて乾燥させて色砂を作り、お絵かきを楽しみます。

何色かの色砂で絵を描く。

普通の砂に色砂を混ぜて描く。

5 貝殻を利用した造形あそび

製作：松本桃薫

貝にはさまざまなおもしろい形や色があります。貝を貼って絵を描いたり、紙粘土とあわせて工作を楽しみましょう。

●貝でお絵かき

貝の自然の色や形を利用して絵を描きます。

貝をつなげていろいろなものを描く。枝や木の実も使用すると、表現の幅が広がる。

●貝で海の世界

貝に水彩絵の具で色つけして作品を作ります。

魚、タコ、カニ。他に何ができるかな?

●シャンシャン！ すず貝?

［作り方］

1 貝に小石を入れて2枚を貼り合わせる。
2 色付きの紙粘土で取っ手を作る。
3 2に1をつけたら貝で作った鈴のできあがり！

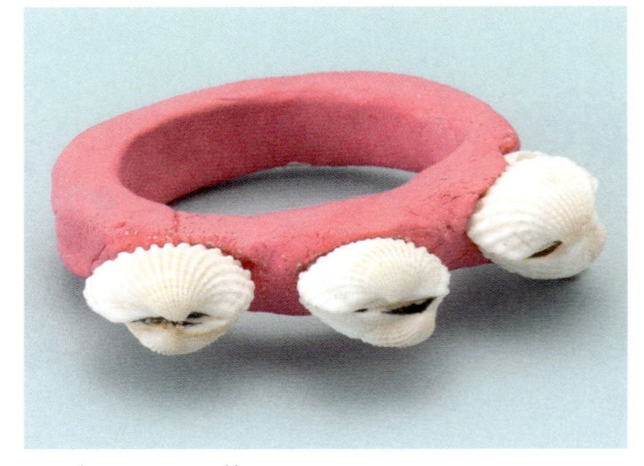

リングベルのように使う。

第6章

実践編

読み聞かせと弾き歌い

1 読み聞かせ絵本選びのポイント …… 116
2 発達別・絵本選びのポイント …… 119
3 読み聞かせの準備とポイント …… 122
4 紙芝居の選び方と準備のポイント …… 124
5 先生らしい弾き歌いのポイント …… 125
6 弾き歌いは安定した地声が基本 …… 128
7 オンチは克服できるもの …… 129
8 実習で役立つ！ 弾き歌いベスト18曲 …… 130

1 読み聞かせ絵本選びのポイント

絵本に描かれた、わくわくするような、ときに切なく心温まる物語の世界を、友達と一緒に楽しむこと、そして好きな世界を共有することは、子どもの成長過程で重要な働きをします。絵本は、将来、物事の善し悪しを見極め、正しく判断できるような感性を、子どもの心に養うのに役立つと考えられています。保育者は、子どもが新しい世界に触れたり、自分とは違う見方や考え方を学んだり、身近な物事の大切さを感じることができるように、広い範囲から絵本を選ぶべきでしょう。

1 よい読み聞かせは保育者の感性で決まる

1 物語の世界を楽しめるかどうかが大切

アニメやテレビのキャラクター絵本は、書店でも大きく扱われていますが、テーマ性はあまりなく、物語や絵の展開におもしろ味のないものが多いのです。一方で、昔から多くの人に読まれている絵本には、やはりよいものが多くありますが、それ以外にも本はたくさんあるのですから、やはり実際に自分で読んで探してみましょう。

重要なのは、物語の世界に自然な形で感情移入することができ、読み終わった後にもその感動が心に残るような絵本を選ぶことです。また、保育者自身がじっくり読んでおもしろいと感じた絵本なら、最初はあまり理解できなくても、繰り返し読み聞かせてあげることで、絵本の世界を感じる力、読み取る力が育まれていくということも念頭に置いておきましょう。

2 場にふさわしい本を選ぶ

もうひとつ大切なことは、読み聞かせをする場や人数、さらには季節など、状況を想定しよく考えて本を選ぶことです。実際に行うときも、何冊か本を用意しておき、場の雰囲気に合わせて選ぶとよいでしょう。

2 よい絵本を選ぶポイント

1 表現力のある絵

昔ながらの水彩画や油絵をはじめ、最近の絵本ではCG（コンピューターグラフィックス）などの多様な手法が使われ、さまざまな印象のイラストが描かれています。子どもは必ずしもかわいい絵だけが好きなわけではなく、見てこわい感じのする絵柄のものなどはそのドキドキする感じを楽しみ、より感性を深めていくのです。

逆に、絵がかわいらしくきれいなだけで感動がなければ、読み聞かせには不適切です。表面的な部分よりも、本全体のまとまりと、子どもが感動を得られるような、表現力豊かで魅力的な絵柄の本を選んでください。

2 物語のおもしろさ

読み聞かせにふさわしいものとして、まず、物語の設定が明確で、時間が自然に経過し、子どもが主人公に感情移入してストーリーを楽しめるものがあげられます。逆に、物語の途中で回想が入るなど、時間が前後するものは、内容が伝わりにくく子どもには向いていません。

3 わかりやすいテーマ

まだ文字の読めない子どもは、絵を見て物語を聞くことで、絵本の世界を楽しみます。そして、「次はどうなるのかな？」と子どもをわくわくさせるような物語には、わかりやすく明確なテーマが欠かせません。読み聞かせのための本を選ぶときには、テーマがひとつではないものや、展開が多様すぎるものは避けるべきでしょう。

4 言葉の持つテンポ

物語を声に出して読む場合、物語の言葉一つひとつに響きやテンポがあることが大切です。声に出してみたとき、言葉に楽しいリズムが生まれるかどうかも、絵本選びで大切なポイントだといえます。

5 繰り返しの楽しさ

子どもは、物語の展開が多く見られ、印象的な言葉などが繰り返し出てくるのが大好きです。物語の冒頭で仲間が増えていく話、主人公が決めゼリフを繰り返したりするのがこれで、子どもは次の展開を予想し、一緒にセリフを言い、物語の世界をより楽しむことができます。

6 見て内容がわかる絵

抽象的な絵や斬新でデザイン的な絵など、ぱっと見て何が描かれているかわからないような絵は、子どもには向きません。また、マンガはコマとコマの間の展開を、自分でイメージできてはじめて理解できるものですから、同じページをいくつかに分け、同じ人物が描かれているマンガ手法の絵も、子どもには不向きです。物語が展開していくうえで、絵を見れば「どこで何が起きたのか、そこに何があるのか、誰がどうしたのか」といった内容がはっきりとわかるような絵本を選びましょう。

●参考図書●
『ちいさなうさこちゃん』
ディック・ブルーナ／作・絵　石井桃子／訳
福音館書店

◎うさぎのふわふわさんと奥さんのお家に、小さな赤ちゃんが生まれました…。かわいくてシンプルな絵柄と、あざやかな色づかいが子どもの目をひきます。「うさこちゃん」シリーズの1作目。

7 イメージに合う絵柄

既製のキャラクターを使った本や、「アニメ絵」と呼ばれる平たんな絵を用いた絵本がありますが、それらはそもそもじっくりと時間をかけて1枚を何度も見て楽しむ絵本の絵とは、目的の異なるものだといえます。絵本作品には、ダイナミックで躍動感のある絵柄、あたたかく落ち着いた絵柄、やさしくかわいらしい絵柄などさまざまな絵柄のものがあります。物語にふさわしい絵がついていることは、ストーリーの世界観をよりあざやかにすると同時に、子どものイメージをふくらませ、感性を豊かにするための大切な要素なのです。

8 文と絵の進行が同じ

「リンゴが落ちてきました」という文に、「リンゴが落ちてくる」絵がついていること。当たり前のようですが、これは読み聞かせのための絵本を選ぶときの大きなポイントです。お話が進んだのに、同じページの絵が変わらなかったり、絵が変わったのに、それに対する文章は次のページだったというのでは、子どもは物語についていけなくなってしまうので注意しましょう。

9 子どもの発見と理解

子どもは知らないことのほうが多いので、見たい知りたいと思う好奇心は、大人よりもずっと強いものです。そして、子どもの知らない場所、異なる気候や言葉遣い、外国の人々や生活、また戦争をはじめとする人の生死、環境問題などを扱った本も数多くあり、絵本を通じて初めてこうした世界にふれる場合もあるでしょう。作者の意図にかたよりや極端な視点がなく、自然に受け入れられるような表現が用いられている絵本とはどんなものかを考えてみてください。

●参考図書●
『ちいさいおうち』
バージニア・リー・バートン／作・絵　石井桃子／訳
岩波書店

◎静かな田舎に、小さなかわいい家がありました。時がたち、大都会の片隅にぽつんと建つお家は、昔の風景を思い出します。そこに１人の女の子が現れて…。文明が壊してしまう、大切なものを教えてくれる絵本。

10 子どもの興味や時期に合うものを

子どもが興味を持っていることや、運動会や遠足など、園のようすや行事に合わせて絵本を選ぶのもよいアイデアです。子どもたちは絵本の中の出来事を身近に感じて、楽しく聞いてくれるでしょう。また、絵本の中には、四季の移り変わりや、美しさ楽しさを描いたものもありますから、夏なら海水浴や花火などが描かれた本を選べば、子どもが興味を持ちやすく、季節と行事との関連性に気づき、きちんと理解するきっかけにもなります。

●参考図書●
『ぐるんぱのようちえん』
西内ミナミ／作　堀内誠一／絵
福音館書店

◎大きなゾウのぐるんぱは、いつもひとりぼっち。町へ働きに出かけたけれど、失敗ばかりでしょんぼり。子どもたちと出会って仲良くなったぐるんぱは、幼稚園を開きます。ちょっぴり切なく、温かい感動に満ちた絵本。

3 よい絵本を探す簡単な方法は？

1 絵本の増刷回数やガイドブックを参考に

長く子どもたちに愛されている絵本は、繰り返し増刷されているので目安になります。本の最後にある奥付には、その本の増刷回数が記載されているので確かめてみてください。また、図書館の中には、名作絵本のコーナーを設けているところもあり、読み聞かせに向いている本をピックアップしたガイドブックなども置いてありますから、合わせて参考にしてみるとよいでしょう。昔から読み継がれている絵本をリストアップしておけば、研究等の資料にもなります。

2 お互いが聞き手になってみよう

本を手にとって文を読み絵を見たときと、人が話す物語を聞き遠くから絵を眺めたときとでは、同じ絵本でも受ける印象はまったく違うものです。図書館などで借りた絵本を持ち寄り、仲間同士で読み聞かせを実際にやってみましょう。子どもの視点で読み聞かせを楽しめば、ふさわしい本を選ぶヒントを得られます。

2 発達別・絵本選びのポイント

子どもに絵本の楽しさを教えてあげるためには、どんなものを選べばよいのでしょうか？　ここでは、子どもの発達別の特徴と、絵本への一般的な反応に基づいて、年齢ごとにまとめていきます。ただし、子どもの発達には個人差がありますから、あまりとらわれすぎず、あくまでもガイドとして、子どもが関心を示すもの、喜ぶものが一番だということを忘れないようにしてください。

1 0～2歳の絵本

この時期の子どもはまだ赤ちゃんですから、絵本も「見て」喜ぶものが中心です。言葉を理解できないので、絵本にもストーリー性はほとんど必要ありません。赤ちゃん絵本は、シンプルなわかりやすい絵柄で、大きく描かれたもの、色彩があざやかな絵がメインになっているのが特徴です。内容的には、同じ動きや展開の繰り返しが多く見られ、言葉の響きやリズムが重視されています。

生後5か月から

子どもに絵本を読み聞かせるのは、身近なものに敏感に反応し、声を出して笑うといった表現行動がはじまる生後５か月くらいからがふさわしいでしょう。読み聞かせの方法としては、子どもを抱いてスキンシップをはかりながら、絵を見せて話しかけてあげます。内容を理解させる必要はなく、子どもに見ること聞くことを通じて、会話の楽しさを体感させてあげることが大切です。絵本を選ぶポイントは、ひとつのものがはっきりとわかりやすく描かれていること、響きがきれいでリズムのある言葉が添えられていることです。

●参考図書●
『くだもの』
平山和子／作・絵
福音館書店

◎もも、りんご、くり、みかん、いちごにバナナ、写実的な絵で、おいしそうな果物が次々と出てきます。皮をむいてお皿に入れて「さあ、どうぞ」。食べさせるまねをしてあげると、子どもは口を開けて大喜びします。

1歳ごろ

１歳ごろからは、子どもが歩けるようになるので、いろいろなものに興味を示します。物に触ったり、動くことが楽しいこの時期には、絵本に描かれた物を見て「○○だね」と言葉かけをすることで、物の名前と形とのつながりを理解できるようになります。絵本を選ぶときは、できるだけ生活に密着した内容のものにします。家庭にある身近な物、家の中のようす、生き物、乗り物などが出てくるものがよいでしょう。

●参考図書●
『じゃあじゃあびりびり』
まついのりこ／作・絵
偕成社

◎「みず、じゃあ じゃあ じゃあ」「かみ、びり びり びり」「いぬ、わん わん わん」…。身の回りのいろいろなものの「形」「名前」「音」を、シンプルな絵と色づかい、リズムのある言葉で結びつけた楽しい絵本。

2歳ごろ

歩くことがすっかり上手になり、さらに行動範囲が広がるので、ありとあらゆるものに興味を示します。物を食べるようすや、お風呂に入るようす、といった生活の中の身近な動きを描いた本や、簡単なストーリーのある絵本を楽しみます。またこの時期は言葉をおぼえ、少しずつ自分で話すようになり、読み聞かせに合わせて声を出したり、繰り返しの言葉を口にして喜びます。響きのきれいな言葉や、思わず言いたくなるような楽しい擬音や言葉のものを選んであげましょう。

●参考図書●
『しろくまちゃんのほっとけーき』 わかやまけん／作・絵　こぐま社

◎しろくまちゃんがお母さんと一緒にホットケーキを作ります。「ぺたん　ふくふく　くんくん」ケーキが焼けるまでの擬音もおもしろく、物を作る楽しさや、食べる嬉しさを子どもに感じさせる、大人気の絵本です。

2 3〜4歳の絵本

言葉に対する興味が強くなり、ストーリーを理解できるようになってきます。絵と言葉の響きを楽しむだけでなく、少しずつ意味や内容を理解しはじめる重要な時期です。

3歳ごろ

注意力や観察力が強くなり、「なんで？どうして？」という疑問をよく口にするなど、知識欲が高まってきます。絵本では簡単なストーリーを理解でき、ある程度感情移入して物語を楽しむことができるようになります。自分の知っているもの、経験したことなどを絵本の中に見つけると喜びます。身近な出来事や、最後に満足感や達成感を得られる物語絵本、昔話などもよいでしょう。

●参考図書●
『ぐりとぐら』 中川李枝子／作　山脇百合子／絵　福音館書店

◎小さな野ねずみのぐりとぐらは、森で大きな卵を見つけます。２匹は相談して、とっても大きなカステラを作り、集まってきた森の動物たちと一緒に、みんなで仲良くカステラを食べました。子どもたちに圧倒的な人気の名作絵本。

4歳ごろ

自意識の芽生えとともに、自分以外の存在をはっきりと認識するようになります。友達とのケンカも多くなりますが、人だけでなく、他の生き物や木や石にも心があると感じるようになり、これが優しさや創造力の発達にもつながります。絵本を選ぶときは、ストーリー性があり絵にも連続性のあるもの、喜びや驚きなど、主人公の気持ちに共感できるようなお話がよいでしょう。

●参考図書●
『だるまちゃんとてんぐちゃん』 加古里子／作・絵　福音館書店

◎だるまちゃんは、仲良しのてんぐちゃんと同じ物が欲しくて仕方がありません。だるまちゃんのパパはいろんな物を探してくれますが、結局自分で作ることに。ない物ねだりやあこがれ、友情や努力など、子どもらしい心の動きをユーモラスに描いた絵本。

3 5歳前後の絵本

内面的な成長が著しい時期であり、友達の存在が大きくなってきます。集団の中で必要なことを理解し、どうすれば自分の意志を伝えられるかを考えはじめます。幼児語が少なくなり、知識欲が増して文字への興味も出てきます。読み聞かせをせがむばかりでなく、ひとりで絵本を見て楽しむようになります。絵本は、物語性がしっかりあるもの、キャラクターの性格や個性が出ているもの、心に感動を与え想像力を刺激するようなものを。また、個性的な絵柄のものもよいでしょう。

●参考図書●

『スイミー』

レオ・レオニ／作・絵　谷川俊太郎／訳
好学社

◎小さいけれどかしこい魚のスイミーは、ひとりぼっちになってしまいました。でも、スイミーが知恵をだし、たくさんの小さな魚たちと力を合わせて大きな敵から身を守ります。みんなと一緒なら、もうさびしいこともありません。感動を呼ぶ温かなストーリーと美しい絵が印象的な絵本。

4 6歳前後の絵本

心身も頭脳も大きく発達し、約2000語の言葉をおぼえることができます。この時期には、言葉のあそび、生き物や植物をはじめとする自然現象、人体のしくみや科学などの事柄にも興味を持ち、本の内容に対する疑問や批判的な感想も出るようになります。「成り立ち」「やり方」「作り方」といった具体的なことがわかるもの、想像力をふくらませ自分なりのイメージを作るきっかけになるものなど、これまでよりも一歩進んだ内容の絵本を選んであげるとよいでしょう。

●参考図書●

『おおきなきがほしい』

佐藤さとる／作　村上勉／絵
偕成社

◎「大きな木があるといいな」かおるくんが言います。「木の根っこからてっぺんまで、ハシゴをつけて登るんだ。途中に小さな部屋もあって、木の上のほうにはリスの家やたくさんの鳥達もいて…」話を聞いていたお父さんは、一緒に庭に木を植えてくれました。子どもの夢がどんどんふくらむ絵本です。

3 読み聞かせの準備とポイント

子どもはお話を聞かせてもらうのが大好きです。聞いた言葉や見た絵から、物語の世界に感情移入し、自分がお話の一部になったように想像をふくらませるのです。読み聞かせは子どもの本に対する関心を高め、自主的に読書をはじめるきっかけにもなります。さらに、言語への興味、将来的な学習意欲にもつながる、非常に大切なものだといえるでしょう。ここでは、実際に読み聞かせをする際に、あらかじめ理解・練習しておくべきことと、そのポイントを説明します。

1 読み聞かせは絵本の持ち方から

絵本を手に持って、子どもたちに見せながら読み聞かせをするときは、必ず右開きの本は左手で、左開きの本は右手で、本の下側中央の部分を持つようにします。逆に持つと、ページをめくるたびに手で絵を隠してしまうことになるので注意してください。子どもが床に座っているなら読み手は椅子に座り、子どもが椅子に座っているなら読み手は立つと見やすくなります。本は読み手の顔の近く、文字が見える程度に離したところで持ち、絵（本）とお話（声）が遠くならないようにします。真横ではなく斜め前から絵本に向かうと、文字が読みやすくなり、読み間違いも防げます。後列の子どもにも見える距離で、見上げている前列の子どもの首が疲れない程度の高さに合わせましょう。

2 ページのめくり方をおぼえる

ページがスムーズにめくれないと、リズムが作れずおもしろさが伝わりにくくなってしまいます。本を左手で持ったら、ページの下端を右手でつまんで、右から左へとめくりましょう。右手で持ったら左手で左から右へとめくります。小さなことですが、これは必ずおぼえ、練習しておいてください。次のページが変化や驚きのある場面や時間の経過がある場合は、少し間をとってめくり、物語が波にのっているときは途切れないようにすばやくめくりましょう。

3 練習は、ゆっくりと大きな声で本番同様に

読み聞かせをする前の練習では、本番と同じように聞き手に見せるように本を持ち、ページをめくりながら声を出して読んでみましょう。ただし、あまり大げ

さな表情をしたり、おかしな声や極端な大声を出すと、子どもが本でなく読み手を見てしまうので、内容が伝わらず逆効果です。子どもたちにしっかりと内容が伝わるように、ゆっくり、はっきりとした自然な声で読む練習をしましょう。

4 作者の言葉を大切に読む

読み聞かせをしてもらった本の内容は、大人が考えるよりずっと正確に細かく子どもの心に残るものですから、作者が選んで綴った本の言葉を、読み手が勝手に変えたり、脚色したり、余計な言葉を加えてはいけません。また、読んでいる間に「これが○○だよ」という説明をするのも避け、子どもに尋ねられた場合は読み終えた後に説明してあげましょう。

5 子どもの表情を見ながら読む

実際に読み聞かせをするときに大切なポイントのひとつが、視線の置き方です。絵本ばかりを見て読まずに、子どもたちの表情やつぶやきをとらえましょう。

途中で話しかけられたら、話は止めずにその子の顔を見て微笑んだり、うなずいて合図を送りましょう。それでもまだ話し続けた場合でも、「静かに」と叱ったり無視したりすると、子どもは傷ついて興味をなくしたり、ムキになって騒いでしまいます。「ほんとだね」「あとでもっとお話して」と声かけをしましょう。そうすると、満足して続きを聞くことができます。

また、読み終わった後に感想を聞かないこと。小さい子どもたちが、内容をすぐに理解して感想をまとめるのはとても難しいことなのです。さらに「こういうお話でした」という内容を限定する言葉は、子どものイメージをじゃまするので言わないようにしましょう。

紙芝居の選び方と準備のポイント

紙芝居はその名の通り「お芝居」ですから、読み聞かせが朗読に通じるのとは異なり、物語を「演じる」ことで子どもたちに視覚的な楽しさも与えます。紙芝居の入れ替え方、声の出し方、間の取り方など、演じ手が上手か下手かで、そのおもしろさは全く違ってきます。では、どうしたらうまく行くのか、そのポイントをあげてみましょう。

1 対象年齢に合った紙芝居を選ぶ

昔の娯楽用のものとは違い、園や施設で用いられるのは、「教育用紙芝居」と呼ばれるものです。それぞれに決まったテーマや、子どもたちに見せるねらいなどがあります。

はじめから長いお話を選ぶと、紙芝居に慣れていない子どもは、最後まで集中して聞けないものです。まずは場面数を目安にして選びましょう。

- 2、3 歳児……………………………8 場面のもの
- 3 歳後期から 4、5 歳児………12 場面のもの
- 5 歳児から……16 場面、前・後編の長編もの

2 「抜き」が紙芝居のポイント

紙芝居で最も重要なのが、次の紙に入れ替える「抜き」の動作です。物語の展開に応じて、ゆっくりと抜く、すばやく抜く、半分抜く等の変化をつけていきます。「声の出し方」「間の取り方」も大切なので、スムーズにできるように練習しましょう。

3 難しいところをチェックする

紙芝居の場合には、対象となる子どもに合わせてわかりやすく簡単な言葉に置き換えることも可能です。特に、難しい言葉、説明不足な部分などがあれば、別紙に書き直し、裏に貼っておきましょう。

4 練習は必ず鏡の前で

紙芝居を手で持っていると、お話に集中できず抜きの動作もやりにくいので、机の上に置いて行いましょう。絵が見やすく、動作がスムーズになるよう、自分を鏡に映し、観察しながら練習すると効果的です。声をはっきりと出し、子どもたちの顔を見ながら表情豊かに演じましょう。

●参考文献●

- 代田知子『読み聞かせわくわくハンドブック』一声社
- 沢木景子『読み聞かせしあわせ革命』KK ベストセラーズ
- 山崎慶子　ことばの種まき 1『絵本にできること・あなたにできること』、同 2『目にうつるもの･感じるもの』、同 3『豊かな言葉・豊かなこころ』、同 4『お父さんにできること・お母さんにできること』、同 5『絵本の花たば』、同 6『言葉・その実りの季節』フェリシモ出版
- 中井貴恵『大人と子供のための読みきかせの会「5 年間の物語」』ブロンズ新社
- 渡辺茂男『心に緑の種をまく　絵本のたのしみ』新潮社
- 西本鶏介『童話が育てる子どもの心』小学館

5 先生らしい弾き歌いのポイント

登園から降園までの間に、園ではピアノを弾き、歌う機会が数多くあります。歌うことやピアノを弾くことは「特別な技術」ではなく、絵本や紙芝居を読むことや、手あそびなどと同じ保育方法のひとつです。しかし、養成校入学後にピアノを始めた人、とりわけ２年制の養成課程に在学中の人には、たった１年足らずの練習で実習をむかえ、上手な演奏を要求されることに大きな戸惑いを感じるかもしれません。どのような演奏をすれば「先生らしい」演奏に聴こえるか、子どもに歌いやすい伴奏になるかを再確認して実習に臨んでください。

1 前奏は間違わずに、声かけを忘れずに

前奏には、歌うための心の準備をする役割があり、保育者から子どもへ「今から歌うよ」という合図を出すところでもあります。間違えたり弾き直したりすると、歌うタイミングがわからなくなったり、歌う気力が失せてしまいますから、前奏には気を配りましょう。

前奏の終わり、歌い始める直前のところで子どものいる方を向いて「さんはい」「どうぞ」等の声かけをしましょう。また、楽譜に前奏のない曲は、多くの場合、終わりの４小節（曲によっては２小節）が前奏として使えるので参考にしてください。

子どもにタイミングを教える「声かけ」は重要

2 歌の部分は絶対に止めずに弾く

演奏は、どんなに間違えても弾き直してはいけません。ピアノが止まっても、子どもはすぐに歌を止めることはできませんから、歌に合わせて右手（メロディー）だけでも弾き続けましょう。また、左手（伴奏）を途中でやめたときに、再び弾き出せるタイミングを自分なりに数か所作っておくと、安心して弾けます。

伴奏は歌があってのものですから、「独奏」にならないようにし、子どもが楽しく歌えるような環境作りを心がけましょう。

弾き間違えても、演奏を止めないようにする

3 右手と左手のバランスを考えて弾く

ほとんどの曲の伴奏は、右手がメロディー、左手が伴奏になっています。子どもは、伴奏だけを聴いてメロディーをのせることはまだできないので、先生の歌声と右手のメロディーを聴き、それを真似て歌います。左手の伴奏しか聴こえないと、歌いにくいために子どもが消極的になってしまいます。メロディーがしっかりと聴こえるように、右手を強めに、左手は補助的に弾きましょう。

左.伴奏
右.メロディー
右手を強くね

子どもは伴奏よりメロディーを聴いているので、右手は強めに弾く

4 遠くに向かって歌う

普段、人に顔を向けてピアノを弾く必要はないので、弾き歌いのときもつい楽譜に向かって歌ってしまうという人は多いと思います。しかし、下を向くと声が通りくくなってしまうので、なるべく遠くに向かって歌いましょう。

実習先で、楽譜を見ずに暗記して演奏する（暗譜奏）よう指示されることがありますが、これはもちろん鍵盤を見ながら弾くことが目的ではなく、子どもたちを見ながら弾けるようになるためのものです。いきなり暗譜奏は無理でも、トライアングル視線または直線視線（下図参照）ができるように練習しましょう。

「トライアングル視線」と「直接視線」
子どもたちの顔を見ながら弾く

楽譜ばかりを見ないように注意する

5 笑顔ができなければ、目を開けて歌おう

笑顔で歌うのが一番ですが、緊張すると笑えないこともあるものです。しかし、目を大きく見開いて眉毛をあげれば、自然と怒った顔にはなりません。実習では、笑えなくとも表情が明るければよいので、鏡を見て怒り顔にならないよう研究しておきましょう。

6「先歌い」をしながら歌う

ただ弾きながら歌うだけでは、歌詞をおぼえていない子どもが歌えないので、少しずつ歌詞を言ってあげる「先歌い」が必要です。きちんと聴き取れるように、早口で言わず一小節使って言うようにしましょう。

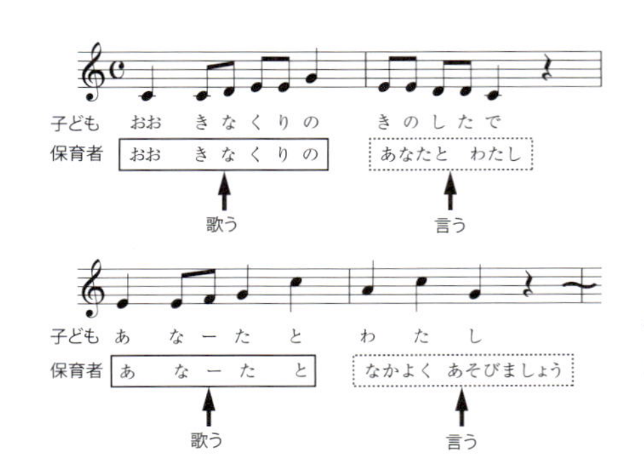

「先歌い」をしながら歌って、子どもに歌詞がわかるようにする

7 難しい伴奏をやさしく直して弾く

実習先から「必ず楽譜どおりに弾いてください」と言われた場合以外は、自由に編曲し、弾きやすい簡単な伴奏に変えて演奏することが可能です。右手はメロディーなので変える必要はありませんが、左手は一部の音を省略したり、コード（和音）演奏に変えることができます。曲によってさまざまな伴奏の楽譜が市販されていますから、編曲の参考にしましょう。

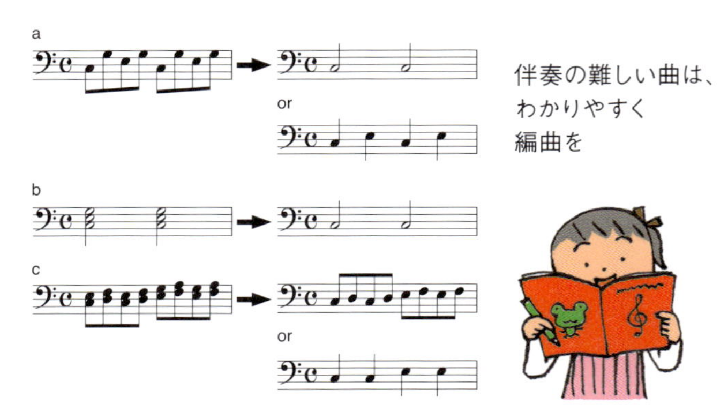

伴奏の難しい曲は、わかりやすく編曲を

8 弾き歌いをするときは早めに起床する

起き抜けの声は、たとえ電話でもすぐにわかるように、起床直後は体の運動機能はもちろん、声帯も活動しにくい状態になっています。声帯が正常に戻って歌えるようになるには、最低でも起きてから３時間ぐ

らいかかります。弾き歌いをするときは早めに起き、のどのコンディションを整えておきましょう。

9 のどによい飲み物を飲み、食生活にも注意を

実習中は食生活にも気を配りましょう。のどのためにおすすめの飲み物は「少し砂糖の入った温かいミルクティー」です。その意味と効果は、下の解説のとおりです。

1日2回ぐらい、朝やお昼の飲み物におすすめです。また反対に、辛いものや冷たいものの摂りすぎは、のどのためにも控えるようにしましょう。

ミルクティーは
のどによく、
おすすめの飲み物

温かいもの＝声は、声帯が充血した状態で出ているので、体を温めると血行がよくなり、発声しやすくなります。歌う前に発声練習として声を出すのも、声帯を温め、声を出やすくするためです。

砂糖＝「脳のごはん」ともいわれ、すばやくエネルギーに変わります。脳の血流がよくなり、短時間でのどを歌える状態にできます。

ミルク＝牛乳を火にかけてわかすと表面に薄い膜ができるように、温められたたんぱく質や乳脂肪分が、のどに膜を作ります。膜はばい菌を寄せつけず、保温効果もあります。

紅茶＝お茶には殺菌作用があり、「声がれ」が予防できます。

10 人前で弾き歌う練習をする

一人で弾き歌うのは上手にできても、大勢の前ではうまくいかないものです。日頃から友だち同士で「先生役」と「子ども役」をしながら練習をしましょう。

友だちと協力し合い、
人前で歌う
トレーニングを

11 よく歌われるうた

園での日常の生活や、行事などによく歌われる曲です。念のため弾き歌いのチェックをしておきましょう。

♪季節のうた

- バスごっこ……遠足
- 雨ふりくまの子……雨の日
- とけいのうた…時の記念日
- すてきなパパ……父の日
- おかあさん……母の日
- ちいさい秋みつけた……秋
- あわてんぼうのサンタクロース…クリスマス

♪生活のうた

- おはよう……朝
- おべんとう……昼
- おかえりのうた……帰り

6 弾き歌いは安定した地声が基本

「弾き歌い」とは、文字どおり楽器を弾きながら歌うことです。慣れないうちはどうしても演奏の方に気を取られてしまいがちですが、大切なのは音程をキープしながらはっきりと声を出すことで、これには地声と裏声の使い方も大きなポイントになります。

1 地声と裏声の違い

一般的には、話しているときの声が「地声」です。最も自然に出せる声から少しずつ音階を下げていくと、どこかでそれ以上は声が出なくなります。そして、同じように少しずつ音階を上げていくと、やはりどこかでそれより高い声は出なくなります。この低音から高音までの限界範囲内が「地声」です。そして、低い方は無理でも、高い方は声の出し方を変えれば出すことができ、こちらを「裏声」といいます。

自分の地声が
どこまで出るのか、
きれいに聞こえるのは
どこまでかを把握しておく

2 地声から裏声に移行できると楽になる

曲の中には、地声だけでは高すぎて歌えないものもありますが、そこであきらめていては歌の表現が制限されてしまいます。そこで役に立つのが裏声ですが、地声から裏声へのチェンジは人によって差が大きく、はっきりと声が変わってしまう人と、そうでない人とがいます。地声と裏声に差がある場合は、チェンジの声域でスムーズに声を出せるように練習が必要です。

ただし、弾き歌いは声楽のように高度な技術が必要なわけではないので、地声の発声や音程を安定させることがまず重要です。そしてその上で、チェンジ音域から裏声へとスムーズに移行できるように練習していくとよいでしょう。この練習によって、地声の音域がぐんと伸びる可能性もあります。発声に関する本も数多く出ていますから、目を通してみてください。

地声から裏声へと
スムーズに
移行できれば、
歌うのがぐんと楽に

発声やリズムの練習は、
歌に慣れるためにも
普段からやっておくとよい

7 オンチは克服できるもの

実習生の中には、子どもと保育に関する熱意は人一倍あるけれど、歌が苦手で「私はオンチでは？」という人もいるかもしれません。辞書をひくと、オンチとは「①機能不全等の原因により正しい音の認識ができないこと。②音に対する感覚が鈍く、歌を正しく歌えないこと。」となっています。①ならば克服するのは大変なことですが、実際には②の場合がほとんどで、こちらは「感覚性オンチ」と「運動性オンチ」に分けられ、練習によって直すことができるのです。

1 感覚性オンチとは?

音楽を聴いて、正しい音程を理解し記憶することができないのが「感覚性オンチ」つまり認識能力のオンチタイプです。比較的やさしい音程やテンポの曲でも、すぐに区別することができず、自分が歌ったときのズレにも気づきません。カラオケ等で、音程が完全にはずれていたり、曲のリズムやテンポと歌がずれていても気にせず歌える人はこのタイプです。

2 運動性オンチとは?

きちんと音を理解できるのに、同じように再現することができないのが「運動性オンチ」つまり再現能力のオンチタイプです。オンチだといわれる人の大半はこちらで、音の認識力はしっかりしているため、逆に自分の歌をヘタだと感じて萎縮してしまいます。これはオンチが直りにくい原因になってしまうので、まず音楽や歌うことに慣れることが必要でしょう。

3 オンチはこう直す!

●まずは音階を知ろう●

特に感覚性オンチの人は、まず、キーボードなど音程の正確な鍵盤楽器を使って、自分のキーに合う「ドレミファソラシド」を繰り返し弾き、よく聴いて音階をおぼえましょう。次に、鼻歌でいいので一緒に声を出していき、慣れたら「ドレミ」と言葉を口ずさみます。

●音の位置を理解しよう●

さらに、音階の中から音をひろい出して、理解できるように練習しましょう。

- 頭の中で「ド」の音をイメージする
- 鍵盤の「ド」を弾いて音を確認する
- 鍵盤の音に合わせて「ドー」と歌う

これを「レ」「ミ」…と順番に繰り返していくと、音階の一つひとつが理解できるようになります。

●歌を聴かずに曲を聴こう●

オンチの原因のひとつとして、音楽を聴くときに、歌詞ばかりを気にしてしまうことがあげられます。それによって、ますますリズムやメロディーがおろそかになるというわけです。音楽を聴くときは、まずメロディーを聴いてみましょう。難しい場合は、直接意味のわからない洋楽や、メインの楽器がメロディーを奏でる演奏だけの曲を選びます。そして、指や体で曲の拍子をとってください。

次に、好きな曲から、あまり速くない曲を選び、4拍子なら4つ数を数えながら一拍ごとに手拍子をします。これを、はじめは同じ曲で、繰り返し1曲全部手拍子をしてみましょう。慣れたら、足や体全体でリズムをとっていくと、次第に歌だけでなく曲全体が理解できるようになります。

8 弾き歌いベスト18曲

◆弾き歌いのコツとポイント

- **青の文字**／演奏するときの注意点やアドバイスなど
- **緑の文字**／楽譜を見るときの説明
- **赤の文字**／子どもに声かけをするポイントや動き方

※歌のタイトル左に「登園」や「遠足」など歌におすすめのシーンをあげています。

1 登園 朝のうた

●作詞／増子とし
●作曲／本多鉄麿

左手は軽くスタッカート気味に

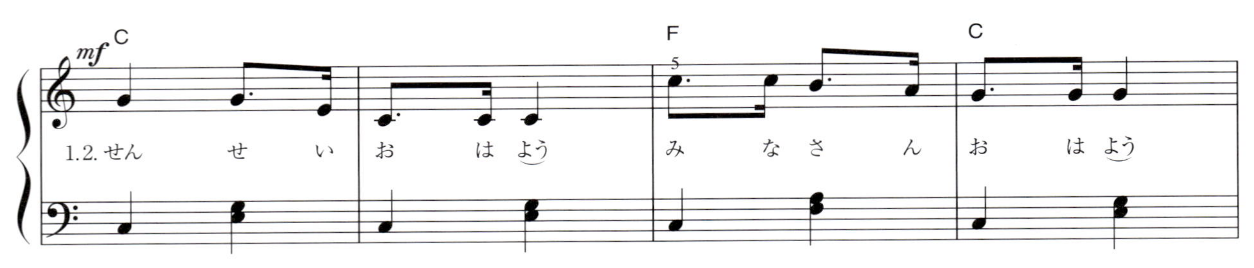

ここでは、園でよく使われる弾き歌いの曲を18種類紹介します。子どもの1日の流れの中で、歌は重要な役割を占めています。この18曲は、実習の際に使用されるものばかりですので、確実に自分のものにしておきましょう。楽譜には、演奏上の注意がポイントごとに色文字で示されているので、学習の参考にしてください。

2　登園・昼食後　はをみがきましょう

●作詞・作曲／則武昭彦

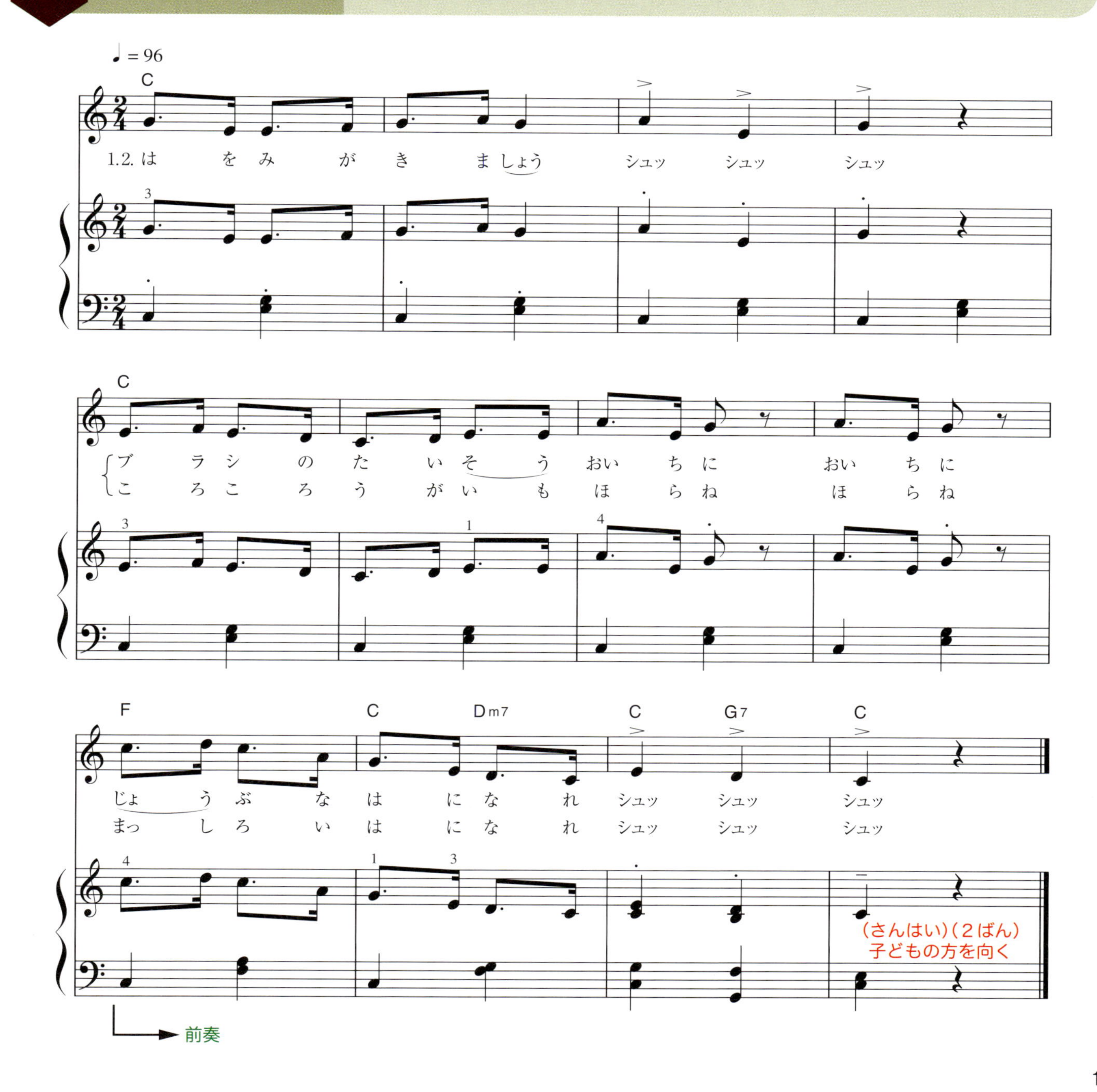

3 登園

おはよう

●作詞／新沢としひこ
●作曲／中川ひろたか

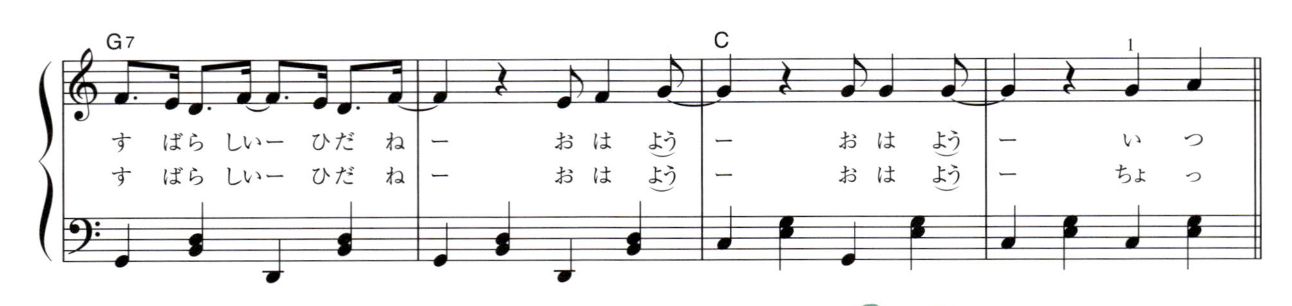

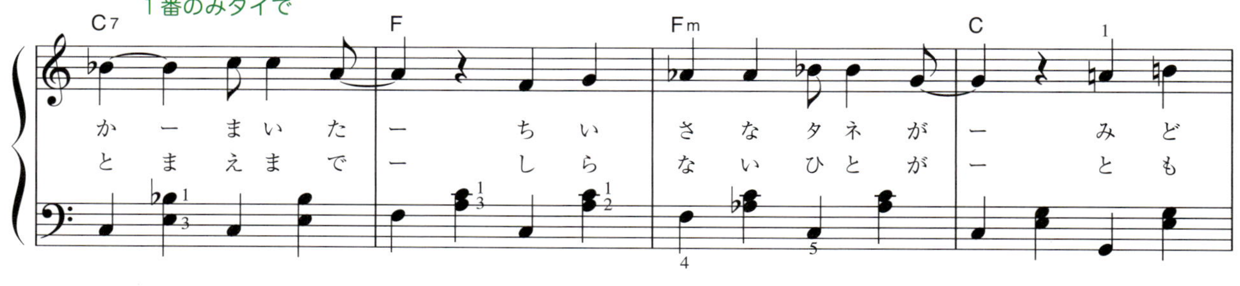
1番のみタイで
C7
F
Fm
C
か ー ま い た ー ち い さ な タ ネ が ー み ど
と ま え ま で ー し ら な い ひ と が ー と も

2番のみ
2番のみ
D7
G
り の め を だ し て い る ー ー きょう も
だ ー ち に な っ て い る ー ー

前奏
F
Em
E7
Am
ー な に か ー は じ ま り そう さ ー お は よう

1番の後のみ
Dm7
G
C
ー お は よう ー お は よう ー
2番の後のみ
前奏と1番の後に弾く

4 登園・朝の会 おはようのうた

●作詞／田中忠正
●作曲／河村光陽

5 遠足など

バスごっこ

●作詞／香山美子　●作曲／湯山昭
●編曲／早川史郎

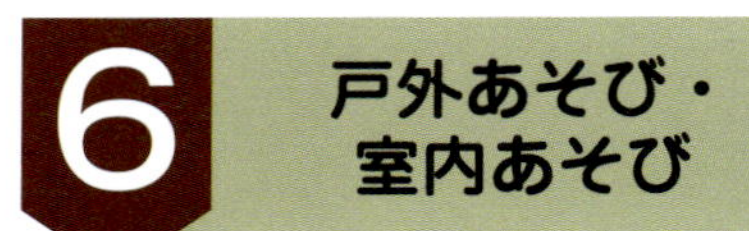

手をたたきましょう

●日本語詞／小林純一
●スロバキア民謡

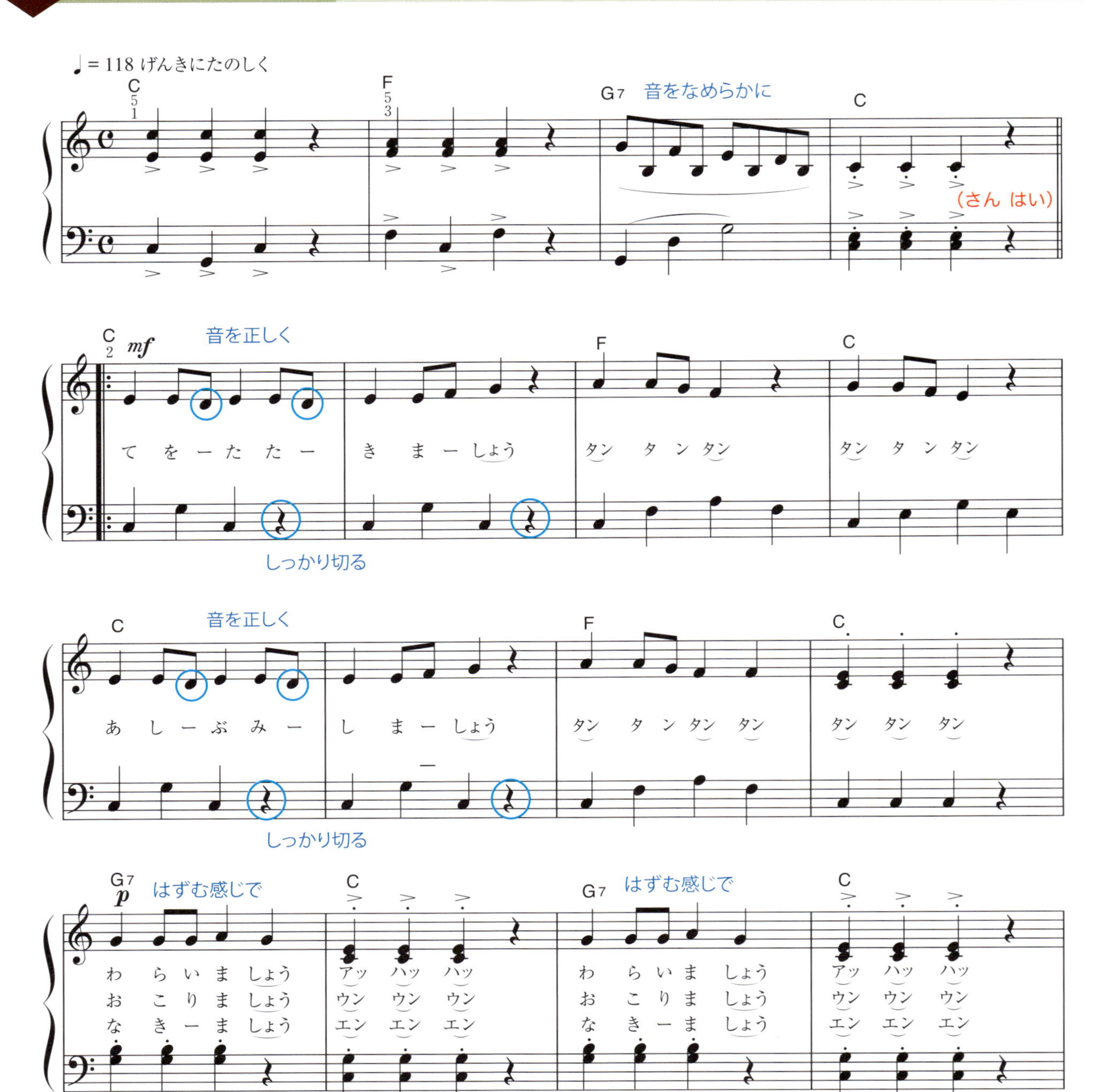

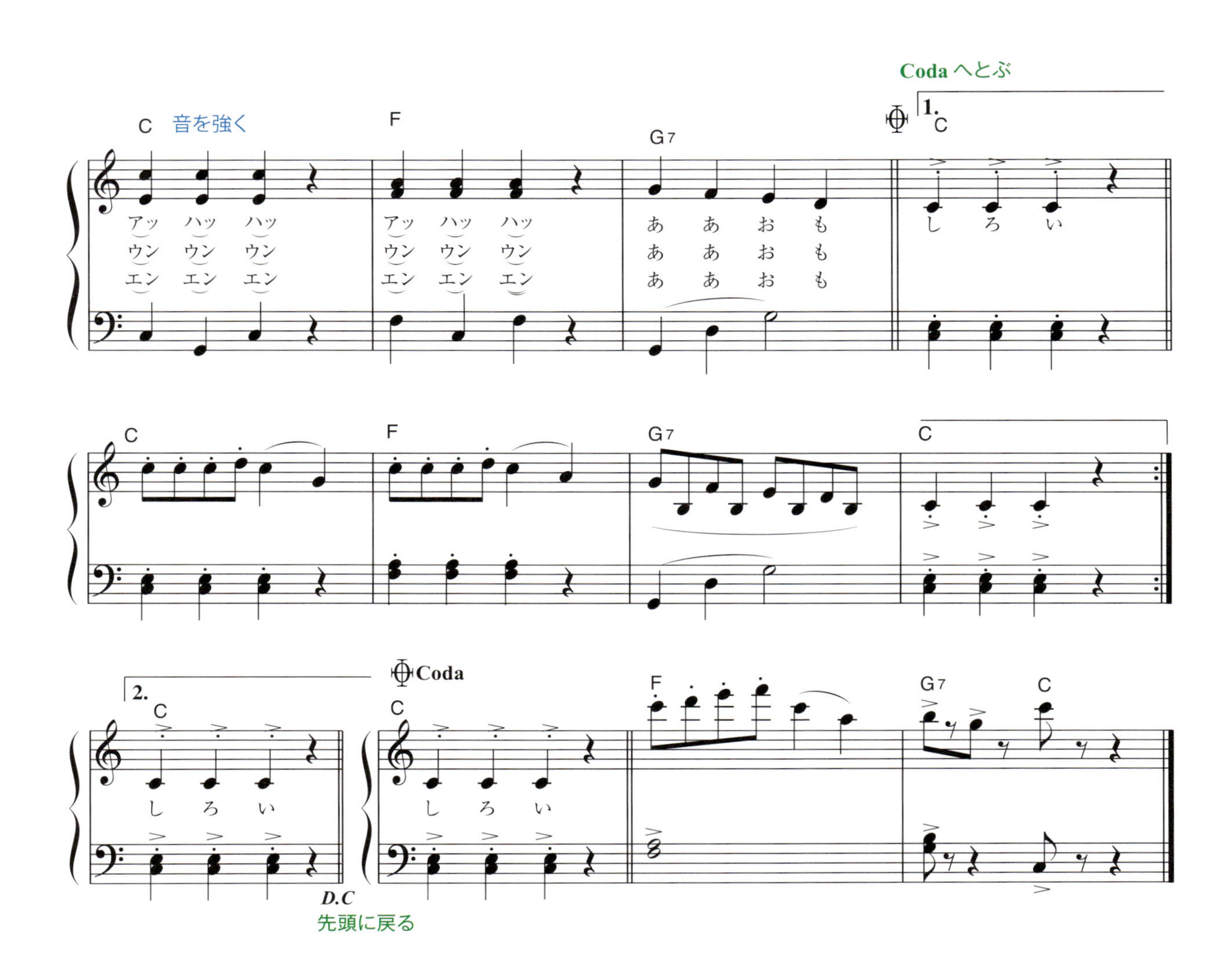
Coda へとぶ
C 音を強く
F
G7
1.
C
アッ ハッ ハッ
ウン ウン ウン
エン エン エン
アッ ハッ ハッ
ウン ウン ウン
エン エン エン
あ あ お も
あ あ お も
あ あ お も
し ろ い
C
F
G7
C
2.
C
Coda
C
し ろ い
し ろ い
D.C
先頭に戻る
F
G7
C

7 戸外あそび・室内あそび

森のくまさん

●訳詞／馬場祥弘
●アメリカ民謡

第6章 実践編 読み聞かせと弾き歌い

かたつむり

●文部省唱歌

♩＝92

1. 2. でんでんむしむし かたつむり

かたつむりの動きを想像してなめらかに

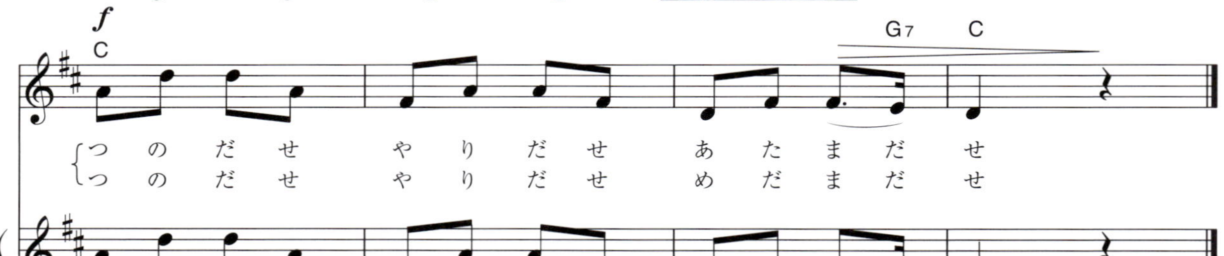

ペダルを使用してもよい、流れるように

9 昼食・遠足

おべんとう

●作詞／天野蝶
●作曲／一宮道子

第6章 実践編 読み聞かせと弾き歌い

10 戸外あそび　ちいさい秋みつけた

●作詞／サトウハチロー
●作曲／中田喜直

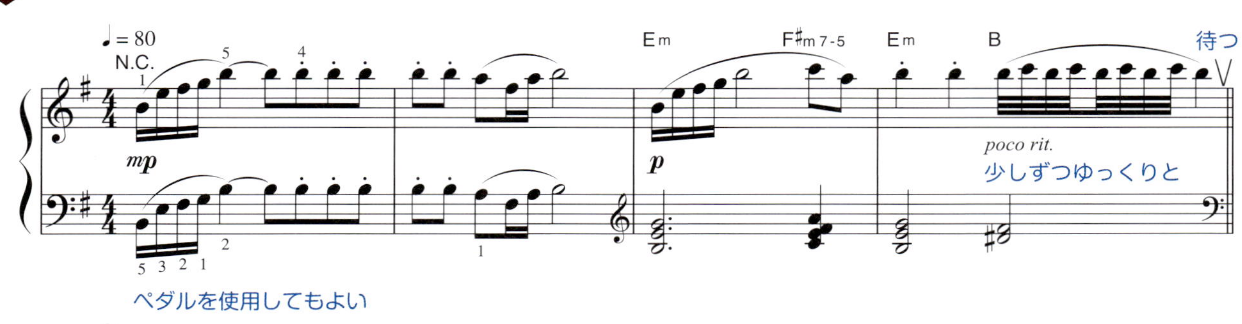

Em Am6 C F♯m7-5 Em D7
すましたおみみに かすかにしみた よんでるくちぶえ
うつろなめのいろ とかしたミルク わずかなすきから
ぼやけたとさかに はぜのはひとつ はぜのはあかくて
G C B7 Em Em B7 Em
Codaへとぶ
mf
もずのこえ
あきのかぜ
いりひいろ
ちいさいあき ちいさいあき ちいさいあき みつけた
dim.
p
1音1音
ていねいに
ペダルを外す
1.
2.
N.C.
Em Em7 Am7 B7
mp
f
D.S.
Coda
に戻る
Em B7 Em
poco rit.
a tempo
ちいさいあき みつけたー

11 雨の日・室内あそび

雨ふりくまの子

●作詞／鶴見正夫
●作曲／湯山昭

A7
D
あとからあとからふってきて
そうっとのぞいてみてました
おみずをひとくちのみました
もいちどのぞいてみてました
かさでもかぶっていましょうと
Ped.
D
mf
3番のみ
Em7
A7
Codaへとぶ
チョロチョロおがわがでてきました
さかながいるかとみてました
おててですくってのみました
さかなをまちまちみてました
あたまにはっ（𝄾）ぱをのせました
※ ペダルを外す
（Ped. Ped. Ped.）
間奏（3番の後のみ）
A7
mp
D6
dolce
Em7
A7
D
mf
D.S.
𝄋に戻る
Coda あわてずゆったりと弾く
G
più f ごく強く
mp

とけいのうた

●作詞／筒井啓介
●作曲／村上太郎

13 帰りの会・降園

おかえりのうた

●作詞／天野蝶
●作曲／一宮道子

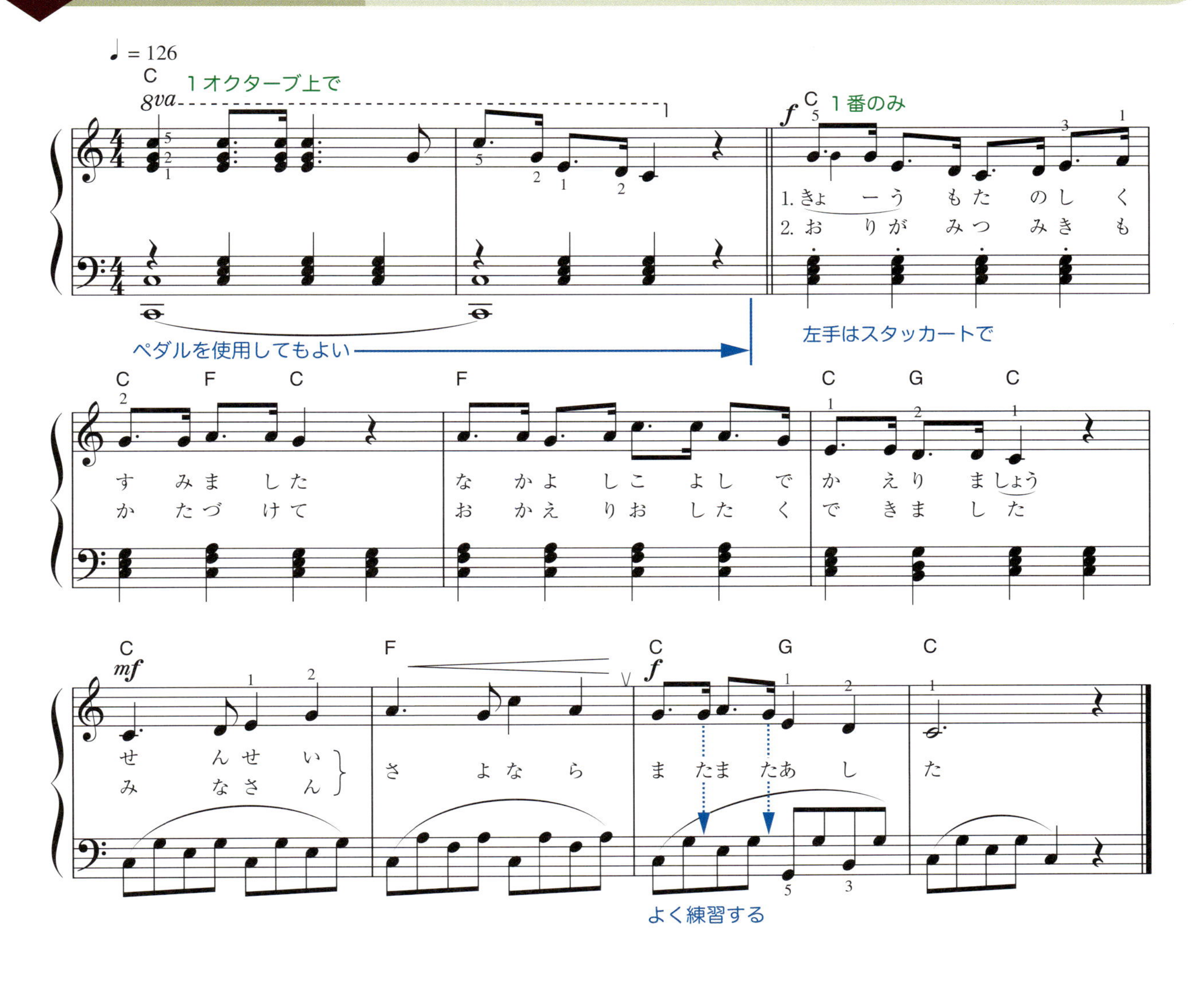

14 設定保育・クリスマス

あわてんぼうのサンタクロース

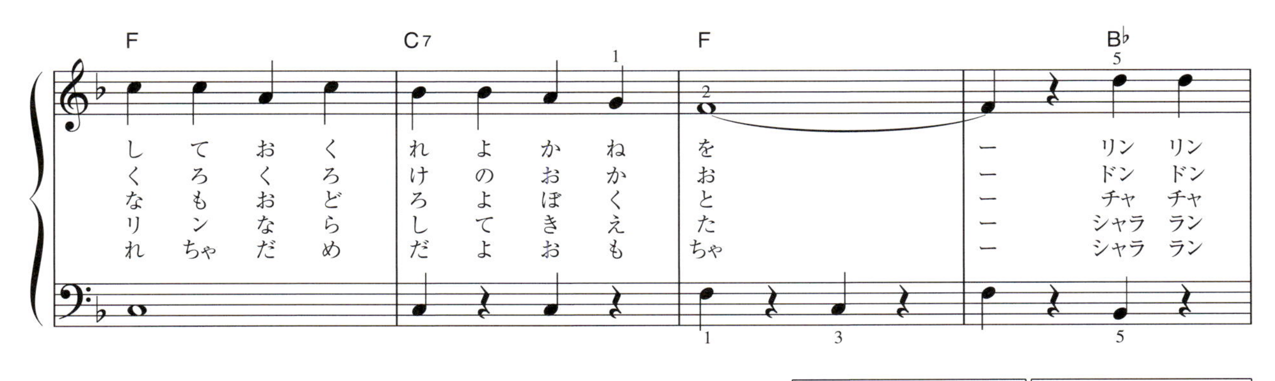
F
C7
F
B♭
し て お く れ よ か ね を ー リン リン
く ろ く ろ け の お か お ー ドン ドン
な も お ど ろ よ ぼ く と ー チャ チャ
リ ン な ら し て き え た ー シャラ ラン
れ ちゃ だ め だ よ お も ちゃ ー シャラ ラン

1.2.3.4.
5.
F
C7
F
F
リン リン リン リン リン リン リン 2. あ わ
ドン ドン ドン ドン ドン ドン ドン 3. あ わ
チャ チャ チャ チャ チャ チャ チャ 4. あ わ
ラン シャラ ラン ラン シャラ ラン ラン 5. あ わ
リン チャ チャ チャ ドン シャラ ラン

15 自由保育・敬老の日など

どんな人が好きですか

●作詞・作曲／柚梨太郎
●編曲／金井信

G
上がメロディー
みぎのひとに
D
右の人の肩をたたく
トン トン トン
A7
ひだりのひとに
D
左の人の肩をたたく
トン トン トン
G
まわりのひとに
D
前後左右にいる人の肩をたたく
トン トン トン
Em
A7
D
C
D
clap
clap
あかるいひとばかりー
かわいいひとばかりー
すてきなひとばかりー
げんきなひとばかりー
（4×Fine）

16 父の日　すてきなパパ

●作詞・作曲／前田恵子
●編曲／越部信義

17 母の日 おかあさん

●作詞／田中ナナ
●作曲／中田喜直

18 帰りの会・おかたづけ

さようならのうた

●作詞／高すすむ
●作曲／渡辺茂

<おかえりのマーチ>の部分では、手拍子を打ったり、足踏みなどをしてもよい

4/4 ♩ ♩ ♩ ♩ | ♩ ♩ ♩ ♩ ‖ 繰り返す

第6章 実践編 読み聞かせと弾き歌い

お別れの仕方

いよいよ実習期間も最後を迎えました。実習を終えた学生の多くが、最終日の日誌を感謝の言葉で締めくくっています。ただし、これは終わりではなく、保育者を目指す人にとっては、ようやくその入り口に立ったというところでしょう。実習での学習と反省をふまえて、今後にどう生かすかをよく考え、より一層の努力と決意を持つことが大切になります。

先生方、施設職員の方々とのお別れ

実習の最終日、ほとんどの施設では、その日のうちに全職員への挨拶の機会を作っていただいているようです。多忙な中、誠心誠意ご指導いただいた園長先生（施設長）、副園長先生等、先生方にはもちろんのこと、事務職員や調理員の方にも、心からお礼を申し上げることを忘れてはいけません。

すべての方々にお礼を述べた後になると思いますが、手取り足取り親身になってご指導くださった指導担当の先生には、実習で得た多くの収穫を報告しながら感謝の言葉を伝えると同時に、今後のご指導もお願いしておくとよいでしょう。

子どもたちとのお別れ

子どもたちへの挨拶は、帰りの会になることが多いようです。中には指導担当の先生がお別れ会を企画してくれたり、子どもたちが手作りのプレゼントを用意してくれている場合もあります。

最後に子どもたちへ、次ページの「お別れカード」のような簡単な手作りプレゼントを贈ってもよいでしょう。

お別れカードの作り方

お別れカードを作る際、ただ文字を書いただけでも意味は伝わりますが、さらにひと工夫して、子どもたちへのより一層の気持ちを込めてはどうでしょうか？　自分がもらったらうれしいカードはどんなものかを考えながら、アイデアを練ってみてください。ここでは、子どもたちが見て楽しめる「仕組みつき」お別れカードを紹介します。

重ねる仕組みのお別れカード

1 同じ大きさの画用紙3枚を二つに折り曲げる

2 接着剤などで3枚を図のように貼り合わせる

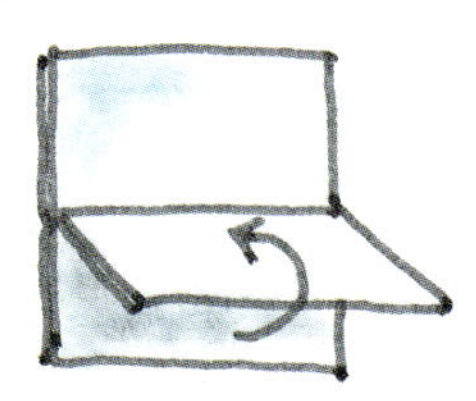

●1枚のカードに2パターンのメッセージを書くことができます

ずらす仕組みのお別れカード

1 2枚の色画用紙を用意し、右図のように上の1枚にカッターで均等に切り込みを入れる

2 切り込んだところを避け、上下だけにのりをつけて裏の台紙に貼る

3 切り込みと同じ幅の紙に、絵や文字を交互に書く

4 切り込みに交互に差し込む

●矢印のように紙を引っぱると、絵や文字が変わります

●さらにプラスの気持ちを…

お礼として、お世話になった先生方に品物を贈る実習生もいるようです。しかし、やはり学生なのですから、行動で感謝の心を表したいものです。教材や用具などをはじめ施設の修理をしたり、保育室の整備や美化、あるいは園舎内外の美化を行うのもよいでしょう。きっと喜んでもらえるはずです。

お礼状&報告

実習を終えても、いろいろなことを経験し、学ばせていただいた園や施設との関わりは大切にしていきたいものです。それによって、園や施設の行事に参加できたり、アドバイスをいただける機会も得られます。では、そのためにはどのような心構えを持って、具体的にどのようなアプローチをすればよいのでしょうか？

ここでは、実習終了後に行うべきことをあげていきます。

お礼状は2週間以内に書くこと

先生方は、実習が終わって実習生はどうしているのかと気にしてくれているものです。

園長先生をはじめ、先生方には封書でお礼の言葉を届けましょう。

ただし、1か月もたってからのお礼状では、感謝の気持ちも伝わりません。実習終了後、遅くとも2週間以内までには出すようにしてください。

また、文章は自分の言葉で素直に書くのがベストです。

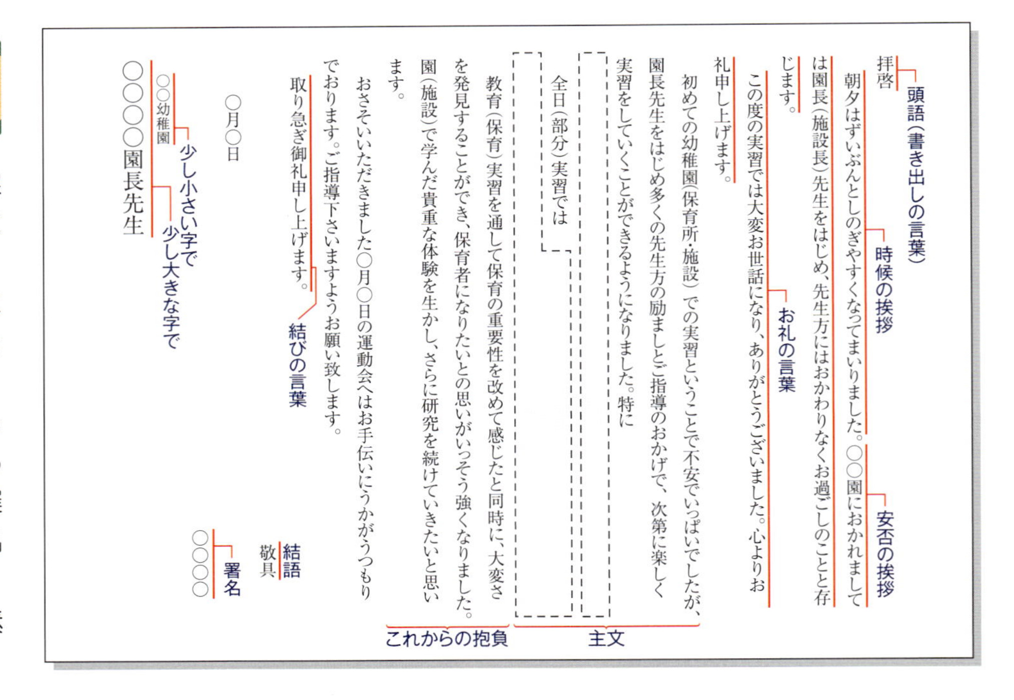

拝啓

朝夕はずいぶんとしのぎやすくなってまいりました。○○園におかれましては園長（施設長）先生をはじめ、先生方にはおかわりなくお過ごしのことと存じます。

この度の実習では大変お世話になり、ありがとうございました。心よりお礼申し上げます。

初めての幼稚園（保育所・施設）での実習ということで不安でいっぱいでしたが、園長先生をはじめ多くの先生方の励ましとご指導のおかげで、次第に楽しく実習をしていくことができるようになりました。特に

全日（部分）実習では

教育（保育）実習を通して保育の重要性を改めて感じたと同時に、大変さを発見することができ、保育者になりたいとの思いがいっそう強くなりました。園（施設）で学んだ貴重な体験を生かし、さらに研究を続けていきたいと思います。

おさそいいただきました○月○日の運動会へはお手伝いにうかがうつもりでおります。ご指導下さいますようお願い致します。

取り急ぎ御礼申し上げます。

敬具

○月○日

○○○○

○○幼稚園

○○○○園長先生

■一般的な時候の挨拶例

- 一月 … 寒風の候
- 二月 … 残寒の候
- 三月 … 初春の候
- 四月 … 陽春の候
- 五月 … 若葉の候
- 六月 … 初夏の候（梅雨の候）
- 七月 … 盛夏の候（梅雨の候）
- 八月 … 残暑の候
- 九月 … 初秋の候
- 十月 … 仲秋の候
- 十一月 … 晩秋の候
- 十二月 … 初冬の候

■封筒の表書き

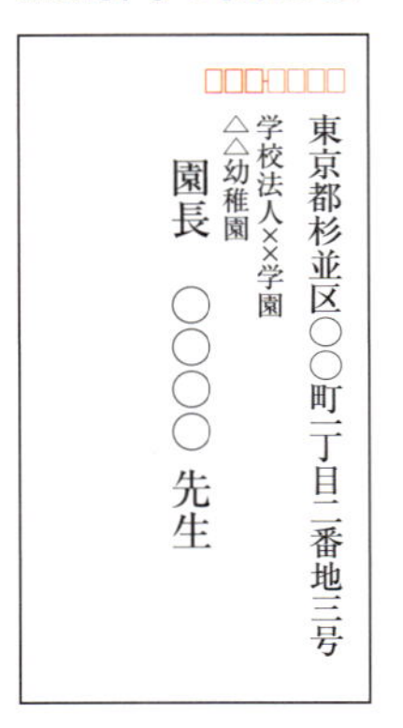

■封筒の裏書き

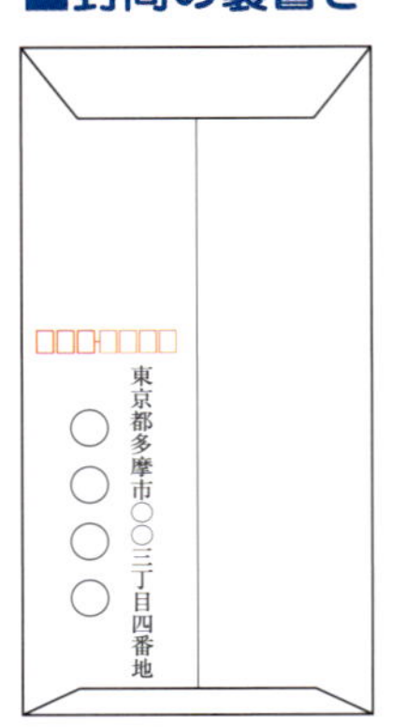

まめに近況を報告する

実習終了後のお礼状だけでなく、暑中見舞いや年賀状など、機会があれば実習園や施設に近況の報告をしましょう。特に、採用試験の結果は、忘れずに連絡してください。もしも試験に不合格だった場合にはつらいことですが、先生方からのアドバイスを受けて気持ちを切り換え、次の機会に備えることが大切です。合格の場合にも、今後のアドバイスをいただけたらしっかりと心に刻みましょう。

実習園や施設とのつながりを大切に

授業に余裕があれば実習園や施設に連絡し、訪れて先生方のお話を伺いましょう。また、園や施設から運動会、発表会等の行事の案内をいただいたら必ず出席し、行事の準備を手伝わせていただけるなら、ぜひ参加を。こうした機会やつながりを大切にしてください。ただし特定の園児と遊んだり、自宅に招くのは迷惑がかかるので慎むことが必要です。

反省を生かし、今後の課題を明確に

実習が終わったということは、保育者として成長すべく、新たな毎日が始まったということでもあります。自らを見つめ直し、保育者としての考え方や姿勢についても改めて問い直して、もしも補うべき点があったら、さらに研究しましょう。

また、子どもの指導・支援に必要な知識や技能の修得に向けては、より一層の努力が大切です。実習中に重要性を痛感した点があれば、テーマを絞って修得に取り組んでみるのもよいでしょう。漠然としているなら、とりあえず資料や参考図書を集めてみましょう。また、音楽、体育、絵画、読み聞かせなど、活動技術の力量不足を知った人は、基礎からやり直してみましょう。

まだまだ保育者への扉は開かれたばかりです。実習での経験を無駄にせず、あなたが理想とする保育者を目指すためにも、日頃の努力の積み重ねを継続させ、子どもたちの笑顔を思い出しながらがんばってください。

■編　者■

林　幸範（はやし　ゆきのり）

1951年東京生まれ。東京学芸大学大学院修士課程修了。池坊短期大学幼児保育学科教授。「家族心理劇場」(フォー・ユー：共著)など著書多数。

石橋裕子（いしばし　ゆうこ）

1963年東京生まれ。1986年武蔵野音楽大学音楽学部声楽学科卒業。中学・高校教諭を経て、平成5年から保育・教育者養成に携わる一方、都内小学校と神奈川県内の幼稚園で障がい児教育・保育の実践を行っている。帝京科学大学教授。日本保育学会、日本発達心理学会、日本音楽教育学会、日本ダルクローズ音楽教育学会、絵本学会、全国大学音楽教育学会。

◆ 参考文献 ◆

- 「幼稚園教育要領解説」文部科学省（フレーベル館）
- 「保育実習」坂本敬・安藤和彦（北大路書房）
- 「保育実践シリーズ『教育・保育実習安心ガイド』」阿部恵・鈴木みゆき（ひかりのくに）
- 「はじめての保育・教育実習」大橋喜美子（朱鷺書房）
- 「幼稚園・保育所実習『実習日誌の書き方』」相馬和子・中田カヨ子他（萌文書林）
- 「新訂 施設実習マニュアル」小舘静枝・小林育子他（萌文書林）
- 「教育・保育・施設実習書」二階堂邦子他（建帛社）
- 「声のトレーニング 歌える! 話せる! 自信がつく!」小林由起子（生活人新書）

※この他の参考文献は本文中に掲載

■執筆協力■

矢野　真（やの　まこと）
東京芸術大学大学院美術研究科修了。彫刻の実技制作を通じて、子どもの創造性を育てる表現教育の研究を行う。第23回損保ジャパン美術財団選抜奨励展新作優秀賞受賞など展覧会出品多数。日本美術家連盟、美術科教育学会、日本保育学会会員。折紙講師（日本折紙協会）。京都女子大学発達教育学部児童学科教授。主な著作に、「日本のからくりアイディア工作」（くもん出版）、「DVDでわかる! 乳幼児の造形」（サクラクレパス出版部）など多数。

杉山実礼（すぎやま　みれい）保育士
鎌倉女子大学家政学部児童学科卒業。

髙野美香（たかの　はるか）保育教諭
常磐会短期大学幼児教育科卒業。大阪府寝屋川市　幼保連携型認定こども園やまなみ幼稚園主幹教諭。

●編　　集● (有)エディッシュ
●デザイン● 和泉　仁
●イラスト● 今井明則　遠野冬子　もり谷ゆみ　矢野 真
●校正協力● 高梨恵一
●図版作成● スタジオAbnan
●楽譜作成● (有)ジェイ・エム・シー
●写真撮影● (株)ランバーボックス

最新 保育園・幼稚園の実習完全マニュアル

2022年3月30日発行

編　著　林　幸範（はやし ゆきのり）　石橋裕子（いしばし ゆうこ）

発行者　深見公子

発行所　成美堂出版
〒162-8445　東京都新宿区新小川町1-7
電話(03)5206-8151　FAX(03)5206-8159

印　刷　株式会社フクイン

ISBN978-4-415-32460-9

JASRAC（出）1800827-204